अध्ययन कैसे करें?

शिवप्रसाद बागड़ी

फंडा
unda
राधाकृष्ण का उपक्रम

मूल्य : ₹250

पहला संस्करण : : 2008
पाँचवाँ संस्करण : : 2024

राधाकृष्ण का उपक्रम

प्रकाशक
राधाकृष्ण प्रकाशन प्राइवेट लिमिटेड
जी-17, जगतपुरी, दिल्ली-110 051

शाखाएँ : अशोक राजपथ, साइंस कॉलेज के सामने, पटना-800 006
पहली मंजिल, दरबारी बिल्डिंग, महात्मा गांधी मार्ग, प्रयागराज-211 001
1, अनमोल सोराबजी संतुक लेन, धोबी तलाव, मरीन लाइंस, मुम्बई-400 002
वेबसाइट : www.radhakrishnaprakashan.com
ई-मेल : info@radhakrishnaprakashan.com

बी.के. ऑफसेट
नवीन शाहदरा, दिल्ली-110 032
द्वारा मुद्रित

ADHYAYAN KAISE KAREN?
by Shivprasad Bagdi

ISBN : 978-81-8361-875-5

प्राक्कथन

अपने सम्पूर्ण अध्येता एवं अध्यापकीय जीवन में मैंने 'अध्ययन कैसे करें?'—इस तकनीक को समझाने के लिए किसी विशेषज्ञ से लेकर अध्यापक तक को कभी कोई प्रयास, विशिष्ट कार्यक्रम या प्रशिक्षण वर्ग के रूप में कोई आयोजन करते हुए नहीं पाया।

परीक्षा में उच्चांक प्राप्त छात्रों से लेकर अपने-अपने विषयों के निष्णात् विद्वान अध्ययन विधा के प्रति सदैव मौन बने रहे। अध्ययन को घोर-कठोर साधना का विषय मानकर उन्होंने कभी यह सोचने की आवश्यकता ही नहीं समझी कि अध्ययन की भी एक तकनीक है और इसका वास्तविक रूप सहज और कुशल भी हो सकता है।

अधुनातन उपलब्धियों के आधार पर अध्ययन को आज दुखदायी श्रम की कोटि से हटाकर सुख की श्रेणी में ज्ञानार्जन का रुचिकारक माध्यम बनाया जा रहा है।

इसकी आवश्यकता भी थी। 'रटन्त विद्या, खुदन्त पानी' से जुड़े अज्ञानियों ने ज्ञान-प्राप्ति के उपक्रम को सदैव एक दुष्कर विधा से जोड़ा। वह शिक्षा के उर्जस्वित उद्देश्य को यथा—जानकारी से लेकर ज्ञान, ज्ञान से विवेक और विवेक से आत्मसाक्षात्कार तक के शीर्षोन्मुखी प्रवास को भला कैसे तय कर पाती?

जो विद्यार्थी प्रतिदिन के अध्ययन की प्रारम्भिक सीढ़ियों को लांघना नहीं जानता, उसे ज्ञान के चरम उत्कर्ष और परम उपलब्धियों से जीवन की सार्थकता का उपदेश करना, हास्यास्पद ही है।

हम छात्र को विषय परिचय, उद्देश्य, कार्यप्रणाली को क्या, क्यों और कैसे आदि के माध्यम से समझा तो देते हैं, परन्तु उसे आत्मसात् करने का उचित और सरलमार्ग नहीं बताते, जबकि इस दिशा में काफी कुछ नये चिन्तन और अन्वेषण हो चुके हैं।

हिन्दी भाषा में प्रथम बार अध्ययन के अनुभूत रहस्य एवं नवीनतम तकनीक को सरल ढंग से इस पुस्तक में उद्घाटित किया जा रहा है। इसके द्वारा विद्यार्थियों को अध्ययन के सरल सूत्रों का ही ज्ञान नहीं होगा, बल्कि उनका उपयोजन कर वे परीक्षा में भी अपने अंकों में पूर्वापेक्षा आश्चर्यजनक वृद्धि पाएँगे।

यह पुस्तक हिन्दी भाषा की उस रिक्तता की पूर्ति का सुव्यवस्थित प्रयास है जिसके कारण अध्ययन करने की सरल तकनीक को अस्वस्थ स्वार्थी स्पर्धा से संयुक्त कर एक अबूझ-रहस्य, गूढ़-ज्ञान और कष्ट-कल्पना से आच्छन्न किया जाता है।

निश्चित रूप से यह पुस्तक छात्रों, अध्यापकों, अभिभावकों, शिक्षण संस्थानों और पुस्तकालयों के लिए फायदेमन्द साबित होगी।

अनुक्रम

1

इस पुस्तक की उपादेयता

"अध्ययन कैसे करें?" यह पुस्तक अध्ययनरत छात्रों की अध्ययनपरक समस्याओं को सुलझाने की दृष्टि से प्रस्तुत की जा रही है। साधारणतः परीक्षा में सफलता के लिए कुछ ऐसे तरीके अपनाए जा सकते हैं जिन्हें अध्ययन, अध्यापन और परीक्षाओं के दीर्घ अनुभवों की फलश्रुति कहा जा सकता है।

अध्ययन करनेवाले विद्यार्थी इन तरीकों से प्रायः अपरिचित होते हैं। जबकि विद्यालय और महाविद्यालयों के अध्यापक इस ओर कोई मार्ग-दर्शन करना आवश्यक नहीं समझते। वे पाठ्यक्रम का महत्त्व, उसका प्रयोजन, उद्देश्य और मर्म तो समझा देते हैं, किन्तु विद्यार्थी किस प्रकार उस सामग्री का पठन, चिन्तन, मनन और लेखन द्वारा सरलीकृत करके आत्मसात् करे, यह नहीं बताते। यह विद्या किसी पाठ्यक्रम की अनिवार्यता भी नहीं मानी जाती। पाठ्यांशों को किस प्रकार स्मरण कर किस ढंग से परीक्षा की उत्तर पुस्तिकाओं में लिखा जाए इस विषय पर वे कोई मार्गदर्शन नहीं करते, न इसे आवश्यक समझते हैं।

एक छात्र का प्रश्न और पारम्परिक उत्तर

मेरे दोस्त से एक छात्र ने प्रश्न किया, "महाशय! यह जो आपने पढ़ाया है इसे स्मरण रखने का तरीका क्या है?"

प्रश्न सही था, किन्तु अध्यापक महोदय का उत्तर उसकी कठिनाई का हल न था। वे बोले, "मेरा काम पढ़ाना है, पाठ्यांश समझा दिया है। गृहकार्य भी दे दिया है। मेरे पास कोई जादू की पुड़िया नहीं है कि तुम्हें घोलकर पिला दूँ और तुम्हारी खोपड़ी में सब कुछ घुस जाए। मेहनत करो और याद रखो।"

मगर मेहनत करने और याद करने का तरीका भी तो पता हो। परन्तु इस रहस्य को वे नहीं बताते। ये रहस्य वे प्रायः अपने तक सीमित रखते हैं। ऐसे रहस्यों को अपनाकर व्यक्तिगत तौर पर अपनी स्मृति और बुद्धिमत्ता का उत्तम प्रदर्शन कर सबको अवाक् कर देनेवाले अध्यापक और विद्यार्थी अक्सर देखे जाते हैं।

अध्ययन की स्पर्धा से सम्बद्धता

अध्ययन चूँकि परीक्षा को दृष्टि में रखकर किया जाता है और परीक्षा एक स्पर्धा है जिसमें स्वयं को श्रेष्ठतर सिद्ध करना आवश्यक होता है, यह जानकर भी इन रहस्यों से अवगत छात्र एवं अध्यापक सफल अध्ययन के गुढ़ रहस्य को गोपनीय रखते हैं। एक बार एक छात्र ने मुझसे कहा था, 'व्यापारी कोई अपना व्यापारिक-रहस्य' कैसे उद्‌घाटित कर सकता है?

गोपनीयता का उद्‌घाटन

अगले अध्यायों में अध्ययन के सरल तरीकों को उद्‌घाटित किया जाएगा। यह पुस्तक केवल छात्रों के लिए नहीं है अपितु अध्यापकों और अभिभावकों को भी कुछ नवीन सामग्री देगी, जो अध्ययन के लिए नितान्त उपयोगी है।

क्या इस पुस्तक से परीक्षा में सर्वोच्च अंक मिलेंगे?

इस पुस्तक में बताए नुस्खों को अपनाकर परीक्षार्थी अपने अंकों में निश्चित रूप से सन्तोषजनक वृद्धि पाएँगे। वे छात्र जो सर्वोच्च अंक की आशा करते हैं। अपने प्रयास से वह अधिक से अधिक अंक पाकर उच्चतम शिखर तक पहुँच जाएँ तो, इसमें आश्चर्य नहीं।

इस पुस्तक का लक्ष्य सर्वोच्च अंक दिलाना ही है।

यथार्थ को पहले समझो

विद्यार्थियों, हम सब में कोई न कोई जन्मजात गुण या प्रतिभा होती ही है। यह एक यथार्थ है। साथ ही यह भी सही है कि उचित वातावरण और संस्कार इन जन्मजात गुणों को विकसित करते हैं। साथ ही इसके लिए उचित अवसर उपलब्ध होना भी आवश्यक होता है।

मनुष्य अपने भविष्य को सँवारने में इन यथार्थों के साथ अपनी मेहनत और साधना को जोड़कर अपनी प्रगति के मार्ग को प्रशस्त करता है। जन्मजात गुण प्रकृति और ईश्वर द्वारा प्रदत्त होते हैं, लेकिन इन्हें पहचानकर अपनी योग्यता का अधिकाधिक प्रयोग करनेवाले ही जीवन में सफल होते हैं।

किसी ने ठीक कहा है, "हम अपनी योग्यता का दस प्रतिशत भी उपयोग नहीं कर पाते हैं।"

सफलता के लिए आत्मनिरीक्षण

जन्मजात गुण और बुद्धि लगभग सभी में समान होती है। सामान्य व्यक्ति में जीवन में उपयोगी सभी क्षमताएँ पाई जाती हैं, परन्तु कोई एकाध योग्यता या क्षमता विशिष्ट

होती है। माध्यमिक या उच्चशिक्षा में यह साधारण योग्यता ही पर्याप्त होती है परन्तु विशिष्टता प्राप्त करने के लिए जिन क्षमताओं की जानकारी यहाँ दी जा रही है उन्हें पहचान लेना आवश्यक है। यही आत्मनिरीक्षण कहलाता है। साधारणतः माध्यमिक कक्षाएँ उत्तीर्ण होने पर अपनी योग्यता, क्षमता और रुचि का ज्ञान होने लगता है और तदूनुरूप शिक्षा ग्रहण कर छात्र सफलता की उच्चतम सीमा तक पहुँच सकता है।

पहचानो तुम किस क्षमता से युक्त हो?

मनोविज्ञान में निम्न जन्मजात क्षमताएँ बताई गई हैं :

(1) अंकीय क्षमता	(5) शारीरिक क्षमता
(2) शाब्दिक क्षमता	(6) प्रशासनिक क्षमता
(3) यान्त्रिक क्षमता	(7) व्यापारिक क्षमता
(4) वैज्ञानिक क्षमता	(8) संगठनात्मक क्षमता

विद्यालयों में सभी विषयों का ज्ञान कराया जाता है। यह माना जाता है कि उक्त सभी क्षमताएँ हर व्यक्ति में मौजूद रहती हैं। अक्सर देखा जाता है कि किसी विषय में असफल छात्र किसी अन्य विषय में अपनी क्षमता के बल पर विशिष्टता प्राप्त कर लेता है।

असफलता, सफलता की जननी

रामानुजम मैट्रिक में अनुत्तीर्ण हुए थे, बाद में संसार के महान गणितज्ञ बने। मोतीलाल नेहरू बी.ए. में अनुत्तीर्ण हुए थे, परन्तु अपनी विशिष्ट योग्यता से श्रेष्ठतम कानूनविद् बने। महात्मा गांधी, न्यूटन, आइन्सटाइन, तथा इन्दिरा गांधी जैसे लोग भी प्रारम्भ में अपनी प्रतिभा को न पहचानने के कारण, असफल हुए थे।

अपनी क्षमताओं का उपयोग आवश्यक

एक बात भूले नहीं कि हम विशिष्ट योग्यता रखकर भी यदि नियमानुसार उस विषय का ठीक से अध्ययन नहीं करते हैं तो वह जन्मजात योग्यता निरर्थक सिद्ध होती है। इसी कारण जाने कितनी ही प्रतिभाओं के धनी व्यक्ति योग्य वातावरण और अवसर के उपलब्धि के बावजूद जीवन में पिछड़ जाते हैं।

सर्वमान्य क्षमतावालों के सफल प्रयास

यह पुस्तक सर्वसामान्य क्षमतायुक्त छात्रों को अध्ययन का वह सरल रहस्य बता रही है, जो उन्हें सामान्य से ही विशिष्ट योग्यतावाला बना सके। यूँ भी यहाँ बताए तरीकों से आपके दो उद्देश्य पूरे होंगे।

(1) पहला अध्ययन में प्रगति और परीक्षा में पहले से अधिक अंक की प्राप्ति।

(2) दूसरा आपकी विशिष्ट योग्यता का परिचय, जो विशेषज्ञता के लिए आवश्यक है।

2

स्वप्रयास

सर्वप्रथम स्वप्रयास से आत्मविश्वास जगाओ

जीवन में सफलता के लिए, जिन महत्त्वपूर्ण कारकों की आवश्यकता है, उनमें आत्मविश्वास सबसे अधिक महत्त्वपूर्ण है। विश्वास हमारी सुषुप्त शक्तियों को जगाता है। हमारा मानसिक एवं शारीरिक विकास भी इसी विश्वास पर आश्चर्यजनक रूप से निर्भर करता है। बहुत से सूक्ष्म ही नहीं बल्कि भौतिक परिवर्तन भी इसी विश्वास पर निर्भर करता हैं।

डॉक्टरों द्वारा प्लेसेबो का प्रयोग

डॉक्टर द्वारा 'प्लेसेबो' का मरीजों पर प्रयोग। 'प्लेसेबो' शक्कर की गोली होती है, जिसमें दवा नहीं होती। सन् 1979 में यह प्रयोग किया गया कि खूनी अल्सर के मरीज़ों को मस्तिष्क की शक्ति से ठीक किया जा सकता है या नहीं? यदि अल्सर ठीक हुआ, तो अन्य व्याधियाँ भी इसी ढंग से सुधारी जा सकेंगी। यह तय करने के लिए मरीजों को दो समूह में बाँटा गया। सभी मरीज खूनी अल्सर की समान बीमारी से ग्रस्त थे। एक समूह को कहा गया कि इस गोली (प्लेसेबो) से बीमारी में शीघ्र आराम मिलेगा, दूसरे समूह को कहा गया कि दवा परीक्षण के लिए उन्हें दी जा रही है कि उससे आराम होता है या नहीं?

निष्कर्ष निकला कि पहले समूह पर गोली ने 75 प्रतिशत असर दिखाया और दूसरे समूह पर केवल 25 प्रतिशत असर था।

अवचेतन मन का प्रभाव यहाँ द्रष्टव्य है। अपने विचार और कल्पना से जो सकारात्मक प्रभाव हम बनाते हैं, वही लाभप्रद होता है। आत्मविश्वास इसी प्रकार वांछित लाभ पहुँचाता है।

इसलिए छात्र को यह सोचना चाहिए कि वह अध्ययन में उन्नति करने की समस्त योग्यताओं से युक्त है। उसकी कोई भी अध्ययन परक क्रिया निश्चित लाभप्रद होगी।

आत्मविश्वास डिगाने के अप्रत्यक्ष कारक

आत्मविश्वास डिगाने के अप्रत्यक्ष कारक हमारे आसपास ही होते हैं। जिस आत्मविश्वास को जीवन की सफलता की कुंजी कहा जाता है, उससे वंचित करने का प्रयास नकारात्मक कार्यों से होता दिखता है। अतः विद्यार्थी को ऐसे नकारात्मक कार्यों को पहचानकर उससे सावधान रहना चाहिए और हर स्थिति में विश्वास, सम्भावना, आशा और उत्साह का आँचल थाम कर कार्यरत रहना चाहिए।

कुछेक उदाहरण

एक प्रसिद्ध विद्यालय में सेकेंडरी की परीक्षा में एक छात्र मेधावी छात्रों की श्रेणी में पाँचवाँ स्थान पाया था। विद्यालय का नाम उसने ऊँचा किया था। साथ ही अध्यापकों को भी इसका कारणीभूत माना जा रहा था। अतः वे सब प्रसन्न थे।

शहर की एक संस्था ने छात्र के सम्मान में सभा का आयोजन किया, जिसमें विद्यालय के सभी विद्यार्थी, अध्यापक उपस्थित थे। अभिभावकों को भी आमन्त्रित किया गया था।

सामान्य छात्र के पिता भी सभा में आए थे। सभा प्रारम्भ होने से पूर्व मैंने उनसे बातें की। छात्र की पढ़ाई का विषय निकला। वे बोले, "सर, इस लड़के ने परीक्षा की तैयारी की ही नहीं। दिनभर क्रिकेट खेलता था, शाम को बस टी.वी। मुझे विद्यालय से सूचित किया गया था कि वह 'होमवर्क' पर ध्यान नहीं देता। परीक्षा के दौरान उसकी कक्षा के नोट्स की कॉपी भी किसी ने चुरा ली थी।"

अगर ठीक से पढ़ता तो निश्चय ही मेधावी छात्रों की श्रेणी में प्रथम स्थान पाता। मगर कहा माने तब न।"

निष्कर्ष यह कि छात्र बिना अध्ययन के, केवल कक्षा में उपस्थित रहकर ही मे मेधावी छात्रों की सूची में पाँचवाँ स्थान पा गया था।

अब अध्यापकों द्वारा दिए गए भाषणों का सार, ''महेश (काल्पनिक नाम) प्रतिभाशाली, अद्भुत बुद्धि और स्मरणशक्ति से सम्पन्न छात्र है। इस पर विद्यालय को हमेशा गर्व रहेगा।"

मैंने विद्यार्थी से उसके अध्ययन और तैयारी की बाबत पूछी। वह बोला, "मैंने कोई विशेष तैयारी नहीं की, मेरे अध्यापकों को मेरी सफलता का श्रेय है।"

अभिभावक, छात्र, अध्यापक सभी के अनुसार उसने कोई अध्ययन नहीं किया था। कक्षा की पढ़ाई मात्र से वह मेधावी छात्रों की सूची में आ गया था। यदि उपरोक्त तथ्यों पर विचार करें तो ऊपर बताई सारी बातें असत्य और व्यर्थ की थीं।

ऐसे मिथ्या भाषणों को आयोजित करना व्यर्थ होता है क्योंकि–

(1) बिना अध्ययन किए वह छात्र मेधावी छात्रों की सूची में आ ही नहीं सकता था। अभिभावक और वह छात्र झूठ बोल रहे थे। जो छात्र श्रोता के रूप में उपस्थित थे, उन्हें उस छात्र के स्वागत् एवं स्वागत् परक भाषण से कोई

प्रेरणा सन्देश या लाभ नहीं मिला था। अध्यापकों ने अपने भाषण में भी उसे प्रकृतिप्रदत्त जन्मजात गुणों से सम्पन्न बताया था।

(2) उसकी प्रशंसा के भाषणों में भी उसके अध्ययन, श्रमशीलता, लगन, दृढ़ निश्चय, समयबद्धता और परीक्षा के लिए विशिष्ट तैयारी का उल्लेख न था। मेधावी छात्रों की सूची में आने के लिए उसके स्वप्रयासों की कोई बात नहीं कही गई थी, जो सर्वसामान्य छात्रों को फायदेमंद होती।

(3) अप्रत्यक्ष रूप से भाषणों में उसे मिली जन्मजात प्रतिभा, अद्भुत स्मरणशक्ति और प्रकृतिप्रदत्त चमत्कारिक विवेक का ही गुणगान हो रहा था। कोई छात्र उससे न प्रेरणा पा रहा था, न उसका अनुकरण कर सकता था। उस छात्र की सफलता ईश्वरीय अनुकम्पा और सौभाग्य के कारण थी, बस यही राग अलापा जा रहा था।

समारोह का निष्कर्ष

वह स्वागत समारोह व्यर्थ था। झूठ पर आधारित था। उपस्थित छात्रों के लिए कुछ भी सीखने जैसा न था। वह आयोजन समय और श्रम की बर्बादी का निमित्त था।

इतना ही नहीं वह सामान्य छात्रों के लिए हिम्मत पस्त करनेवाला, प्रेरणाशून्य, आत्मविश्वास खंडित करनेवाला तथा हीन भावना से ग्रस्त करनेवाला, दिखावा और झूठी प्रशंसा से जुड़ा, व्यर्थ का आडम्बर था। वह छात्र और पाठशाला के अध्यापक अपने हाथों अपनी पीठ ठोक रहे थे।

सच्ची प्रशंसा क्या है?

प्रयास, श्रम, लगन और अभ्यास से जो हासिल होता है, उसकी प्रशंसा ही मनुष्य की प्रशंसा है। भाग्य और ईश्वर से प्राप्त निष्प्रयास सफलता किसी को धन्यता के योग्य नहीं बनाती।

कर्ण की कथा मत भूलो।

रश्मिरथी कर्ण को जन्मजात कवच कुंडल प्राप्त थे। जिनके रहते उसे कोई पराजित नहीं कर सकता था। उस महादानी ने इन्द्र को कवच कुंडल दान में दे दिए। उस वीर ने कहा–

"मैं ही था अपवाद, आज वह भी विभेद हरता हूँ,
कवच छोड़ अपना शरीर सबके समान करता हूँ,
अच्छा किया कि आप मुझे समतल पर लाने आए,
हर तनुत्र दैवीय मनुज सामान्य बनाने आए,
अब न कहेगा जगत कर्ण को ईश्वरीय भी बल था–
जीता वह इसलिए कि उसके पास कवच कुंडल था।"

ईश्वरीय बल जो जन्मजात गुणों के रूप में मनुष्य को प्राप्त होता है, प्रशंसा के

योग्य नहीं होता। जो शौर्य और सफलता, मनुष्य अपने निजी प्रयास और पराक्रम से, अपनी मेहनत और लगन से प्राप्त करता है, वही प्रशंसनीय है। सामान्य बनकर अपने प्रयत्नों से असामान्य और विशिष्ट हो जाना ही प्रशंसनीय है।

निष्कर्ष : सम्मान समारोह आयोजित करनेवालों को ध्यान रहे–अक्सर ऐसे सम्मान समारोह विद्यालय, समितियाँ एवं सामाजिक कार्य करनेवाली संस्थाएँ अपने से सम्बद्ध ऐसे प्राविण्य प्राप्त छात्रों के लिए आयोजित करती रहती हैं।

ये सम्मान उस छात्र का तथा उसके परिवार का प्रशस्ति-गायन मात्र होकर रह जाता है। कोई-कोई वक्ता यह भी कह देते हैं कि शेष छात्रों को उस विशिष्ट छात्र का अनुकरण करना चाहिए। उसे अपना आदर्श मानना चाहिए।

किन्तु जब उस विद्यार्थी के स्वप्रयास और अध्यवसाय को छोड़कर उसके जन्मजात ईश्वर-प्रदत्त गुणों की प्रशंसा हो रही हो तो सामान्य छात्र भला कैसे उसका अनुकरण कर सकते हैं? न वह प्रशंसा यथार्थ होती है, न उसकी फलश्रुति किसी प्रेरणा या आदर्श की अभिव्यंजना।

ऐसी संस्थाओं को इस आवश्यक उद्देश्य को विस्मृत नहीं होने देना चाहिए।

महान आविष्कारक एडीसन ने कहा है, “हर सफलता के लिए एक प्रतिशत बुद्धि और निन्यानबे प्रतिशत प्रयत्न की आवश्यकता होती है।” ये सम्मान समारोह के आयोजक एडीसन को ही झुठला देते हैं।

3

हीनता की भावना : असफलता की जड़

जीवन में सफल होने के लिए अध्ययन अत्यन्त आवश्यक है। शिक्षा मनुष्य के व्यक्तित्व को संस्कारित करती है। शिक्षा से हम आत्म-सुधार करते हैं और स्वयं को समाज और देश के लिए उपयोगी बनाते हैं। हमारा अपना सर्वांगीण विकास भी हमारी बुद्धि, चेतना और विवेक का विकास है। सद् असद् विवेक से न केवल हमारा स्व बल्कि हमारे समाज का कल्याण भी सम्भव होता है।

संस्कार क्या है?

संस्कार समझने के लिए अक्सर हीरों का उदाहरण दिया जाता है। खान में पड़ा हीरा कोयले का टुकड़ा ही लगता है। टेढ़ा-मेढ़ा कुरूप। बाद में उसे ठोंक पीटकर साफ किया जाता है, उसको घिसकर उसमें पहलू बनाए जाते हैं। पहलुओं से वह प्रकाश किरणों को अधिक मात्रा में परावर्तित कर और अधिक चमकीला दिखने लगता है।

यही संस्कार है, जिससे हीरे की द्युति सम्पन्नता प्रकट होती है। इसी प्रकार मनुष्य का भी है। उचित अध्ययन, ज्ञानार्जन मनुष्य में सुषुप्त क्षमताओं को जागृत करती है। संसार के महापुरुष, ज्ञानी विद्वान, विद्यानिधि ये सब योग्य संस्कार के फल हैं।

विद्यार्थी मित्रों, ईश्वर की दी क्षमता तुम में भी है। यह न समझो कि उसने तुममें वह शक्ति और योग्यता नहीं दी जो दूसरों को दी है।

सामान्य छात्रों को चेतावनी

जिन छात्रों को हमने सामान्य माना है और जिनका विशिष्ट बुध्यंक 90 से 110 तक माना है वे भी तुम्हारी तरह सामान्य छात्र होते हैं। वे भी अनुत्तीर्ण से उत्तीर्ण और उत्तीर्ण से प्रवीणमता की श्रेणी में आते हैं। 90 से 110 बुध्यंकवाले छात्रों में चूँकि फर्क नहीं होता वे परस्पर स्पर्धा कर सकते हैं। ढंग से अध्ययन करनेवाला विद्यार्थी यदि 90 बुध्यंकवाला भी हो तो ठीक से अध्ययन न कर सकनेवाले 110 बुध्यंकवाले को परीक्षा में अधिक अंक लेकर परास्त कर सकता है। कहने का तात्पर्य यह है कि सर्वसामान्य छात्रों में फर्क, बुद्धि की विशिष्टता से कम, स्वप्रयास, अध्यवसाय तथा नियमित अध्ययनादि से होता है।

इसलिए स्वयं को कभी कमजोर बुद्धिशून्य या पिछड़ा हुआ मत समझो। तुममें अध्ययन के तरीकों का अज्ञान हो सकता है जिसके कारण तुम्हारी कुशलता कारगर नहीं हो पाती। इसी कुशलता के लिए हम तुम्हें ज्ञान, विवेक और आवश्यक जानकारी से लैस करना चाहते हैं।

इनसे सावधान रहो

कुछेक अध्यापक एवं सहपाठी छात्रों के कर्मों से भी हीनता की भावना जन्म लेती है। एक गणित पढ़ानेवाले हमारे साथी अध्यापक महोदय जो शिक्षा मनोविज्ञान की कतई परवाह नहीं करते थे, छात्रों को गणित पढ़ाते समय मूर्ख, उल्लू, गधा, बेवकूफ और पागल जैसी संज्ञाओं और विशेषणों से अभिहित करते रहते थे।

उनकी कक्षा मनहूसियत से भरी, एक कष्टपूर्ण यातना का रूप ले लेती। पढ़ाने के बाद न वे खुश होते न छात्र। धीरे-धीरे यह उनका स्वभाव बन गया। बाद में ब्लडप्रेशर, लकवा और न जाने किन बीमारियों से ग्रस्त होकर वे पचास वर्ष की आयु में ही स्वर्ग सिधार गए। शिक्षक जीवन की गुरुता और गौरव से शून्य होकर रह जाना ही सबसे बड़ा दुखान्त है।

ऐसे शिक्षक यदि तुम्हें न मिलें हो तो सौभाग्य।

योग्य शिक्षक

अच्छे शिक्षक वे हैं, जो विद्यार्थी को प्रेरित और उत्साहित कर अपने विषय में उन्मुख और अपने प्रति श्रद्धा से भर देते हैं।

ऐसे शिक्षकों के सम्पर्क से ही छात्रों में छिपी सुषुप्त प्रतिभाएँ जागृत होती हैं।

क्रूर सहपाठी

इसी प्रकार तुम्हारा कोई सहपाठी तुम्हें हतोत्साहित करना चाहे, तुम्हारी बुद्धि योग्यता और क्षमता की हँसी उड़ाना चाहे तो प्रेमपूर्वक उसे सही रास्ते पर लाओ। वह मित्रता का नहीं शत्रुता का व्यवहार कर रहा है, उसे सद्व्यवहार करने को कहो। सच्चे मित्र परस्पर एक दूसरे को हताश नहीं होने देते।

एक दूसरे की सहायता ही सच्ची मैत्री है। एक-दूसरे के आत्मविश्वास को ठुकराना, हृदयहीनता, क्षुद्रता और अमानवीयता है। विद्यार्थी जीवन में विशेषकर कैशोर्य अवस्था में हृदय अत्यन्त भावग्राही और बुद्धि, दिवास्वप्नों में विचरण करनेवाली होती है। किसी भी व्यक्ति, चाहे वह अध्यापक, मित्र, परिचित या रिश्तेदार हो उनके व्यवहार का अच्छा-बुरा असर गहरे तक चला जाता है।

सहानुभूतिपूर्ण व्यवहार

मेरी कक्षा में एक विद्यार्थी हकलाता था। अटक-अटककर बोलता था। पढ़ाई में सामान्य। सहपाठी उसका उपहास करते और वह अधिक अटकने लगता। मैं कोई प्रश्न पूछता, वह पसीना-पसीना हो जाता। मुँह से शब्द नहीं निकल पाते। उसकी परेशानी पर कक्षा के छात्र ठहाके लगाते। मैंने उसकी इस कठिनाई को दूर करने का बीड़ा उठाया।

पहले तो कक्षा के विद्यार्थियों को समझाया कि यह बीमारी नहीं, कमजोरी है। इसमें उस छात्र का दोष नहीं है। यह कमजोरी हम में भी हो सकती है। यदि सभी छात्र सहयोग करें तो वह ठीक से बोल सकेगा। फिर यह मनोवांछित कार्य है। उसका उपहास करना निर्दयता है। विद्यार्थी गम्भीर हुए। मैं समय-समय पर उससे प्रश्न करता रहा। धीरे-धीरे वह धारा-प्रवाह के साथ बोलने लगा।

असफलता और हीनता की बातें कभी न करो और न सुनो

हमेशा आत्मविश्वास से भरे रहो। कभी स्वयं को कम मत समझो। अध्ययन से सभी कुछ सम्भव है और अध्ययन करना अत्यन्त सरल बात है। कठिन कुछ भी नहीं है। यदि कोई तुम्हारी हिम्मत पस्त करना चाहे तो उसे तर्कसंगत तरीके से समझा दो कि तुम ऐसी बातें न सुनने के आदी हो, न कहने के। ऐसी बातें जो तुम्हारी असफलता की सम्भावना को दर्शाती हो तो न सुनो, न मन में आने दो। यह मामूली बात नहीं है। इसका ध्यान रखो। कुछ लोग असफलता की बातों को अशुभ समझते हैं। प्रसिद्ध मुक्केबाज मुहम्मद अली हमेशा विश्वास भरी, जीतने की ही बातें करता था। हारने की बात न सुनता था, न मन में ही लाता था। यदि पराजय और असफलता की बातें मन में उतर जाएँ, तो वह बहुत नुकसान करती हैं।

महाभारत का उदाहरण : शल्यवाद से कर्ण हारा था

महाभारत की यह कथा ध्यान से पढ़ो। अध्ययन में यदि स्वयं को कभी पिछड़ा और असफल पाते हो तो पता लगाओ कि कहीं तुम भी किसी 'शल्यवाद' के शिकार तो नहीं?

महाभारत में भीष्म पितामह शरशैय्या पर पड़े थे। कौरवों की सेना का सेनापति कर्ण जैसा पराक्रमी था। उसने शर्त रखी कि वह अर्जुन को परास्त कर सकता है, बशर्ते उसका सारथी शल्य हो। "अर्जुन के सारथी श्रीकृष्ण बने थे, उनके जैसा कुशल सारथी कौरवों के पास केवल 'शल्य' ही था।" यह सत्य सभी ने स्वीकारा।

युद्ध के पूर्व अर्जुन ने सबसे आशीर्वाद लेना शुरू किया। पितामह भीष्म के बाद वे शल्य के पास पहुँचे। शल्य ने आशीष तो दिया ही परन्तु यह भी कहा कि अर्जुन आशीष के अतिरिक्त और क्या चाहते हो? कहो। श्रीकृष्ण ने अर्जुन को पहले ही समझा

दिया था कि शल्य-सा सारथी पाकर कर्ण की विजय निश्चित है, अतः तुम शल्य को आशीष के बहाने सारथ्य कुशलता से विरत करने का प्रयास करना।

अतः अर्जुन ने शल्य से कहा, "आप केवल कर्ण से सारथ्य करते समय युद्ध में कहें कि वह निश्चित रूप से हारनेवाला है। मेरी प्रशंसा भी करते रहें। और आप सारथ्य करने से पूर्व उससे वचन लें कि वह आपकी हर बात चुपचाप सुनेगा, कोई प्रतिवाद नहीं करेगा।"

शल्य ने वचन दे दिया।

और उसने अपना वचन निभाया। कर्ण को उत्साहित करने के बजाय वह बार-बार कहने लगा, "कर्ण तुम अर्जुन की बराबरी नहीं कर सकते, तुम्हारी हार तय है। तुम इस युद्ध में पराजित होगे...!"

कर्ण ये शब्द बार-बार सुनकर, अपनी दृढ़ता, पराक्रम और युद्ध कुशलता के प्रति शंकित हो उठा। उसकी बाँहों में कम्पन और हृदय में घबराहट होने लगी। उसके शरीर से प्रस्वेद प्रवाहित होने लगा। निशाने चूकने लगे। उसमें संशय जागा। महापराक्रम का विश्वास डिगने लगा।

भगवान ने गीता में कहा है, "संशयात्मा विनश्यते!" और कर्ण इस 'शल्यवाद' के कारण पराजित हुआ।

अध्ययन में प्रगति करने के लिए विद्यार्थी मित्रों तुम्हें भी सजग रहना होगा। अध्ययन प्रारम्भ करने से पूर्व तुम्हारे मन की तैयारी कैसी होनी चाहिए यह समझाने के लिए हम एक सत्य कथा और दे रहे हैं। जो हिम्मतपस्त करनेवाली ऐसी नकारात्मक प्रेरणा देते रहते हैं, उसे सकारात्मक प्रेरणा बना लो।

अठारहवीं सदी का एक पराक्रमी : रामजोशी

उन दिनों जब मराठों की तूती बोल रही थी। पेशवाओं का शासन शुरू हुआ था। एक गरीब ब्राह्मण का बालक, पूना शहर में, पेशवाओं के एक ओहदेदार के घर नौकरी कर रहा था।

उससे छोटे-मोटे काम जैसे झाड़ू लगाना, बर्तन धोना और बिस्तर बिछाना इत्यादि करवाए जाते। बेचारा शिक्षा से वंचित बालक, किसी प्रकार अपने परिवार की विपन्नता और दरिद्रता को ढो रहा था।

एक दिन प्रतिदिन की तरह उन्हीं ओहदेदार को भोजन से पूर्व हाथ धुलवाना था। उन्होंने बच्चे से कहा, "अरे राम, मेरे हाथ पर पानी तो डाल।"

बच्चा ठहरा। लोटे से पानी डालते हुए उसका ध्यान ओहदेदार के कान में पहने कुंडलों पर अटक गया। कुंडलजड़ित हीरों की चमक देखने में मग्न वह भूल गया और पानी हाथ की जगह कुहनी पर पड़ने लगा। इस पर ओहदेदार क्रुद्ध हो उठा।

वे बोले, "अरे मूर्ख! कुंडलों को क्या देख रहा है। ये कुंडल तेरे जैसे भिखारियों के लिए नहीं है। इसके लिए विद्यावान, बुद्धि और पराक्रम युक्त भुजाएँ चाहिए। अपनी

औकात में रहा कर। झाड़ू-बुहारी करनेवाले नौकरों के नसीब में क्या कहीं हीरों के कुंडल होते हैं।" यही बालक जिसके हृदय में यह अपमान का शल्य चुभा था, नौकरी छोड़कर पैदल काशी चला गया। अपने अध्ययन, अध्यवसाय से विधिवेत्ता तथा पेशवाओं का न्यायाधीश 'रामजोशी' कहलाया।

इतिहास साक्षी है, इन्हीं रामजोशी ने सत्य और न्याय की रक्षा के लिए पेशवाओं के न्यायाधीश पद पर रहकर स्वयं माधवराव पेशवा के चाचा रघुनाथराव पेशवा को नारायणराव पेशवा की हत्या के जुर्म में मृत्यु दंड सुनाया था।

पेशवा एक प्रकार से शासक ही थे। उन्हें पता था कि अब अन्याय के आचरण से वे बच नहीं पाएँगे। इस अँधेरे से अपनी परछाही बचाने के लिए वे न्यायाधीश पद को छोड़कर उनके राज्य से सदा के लिए दूर चले गए। किन्तु इतिहास उन्हें और उनकी निर्भीक न्यायवृत्ति को नहीं भुला पाया।

कथा का निष्कर्ष

(1) नकारात्मक प्रेरणा को हम सकारात्मक प्रेरणा बना सकते हैं। अपने मन को किसी के अपशब्दों से आहत न होने दें।

(2) नियमित और सही तरीके से किए अध्ययन से हम सफल हो सकते हैं। सही शिक्षा से आत्मबल और सम्मान की रक्षा होती है।

(3) शिक्षित और संस्कारित व्यक्ति सत्य और न्याय के लिए धन और ऐश्वर्य ठुकरा देते हैं।

अतः विद्यार्थियों! अध्ययन के लिए कमर कस लो।

ख़ुद ख़ुदा उसको उठा सकता नहीं,
गिर गया जो आप अपनी ही नज़र में!

4

अध्ययन की आवश्यकता और महत्ता

भावी जीवन की सफलता के लिए मनुष्य का शिक्षित होना अनिवार्य है। जो लोग शिक्षा से वंचित अपढ़ रह जाते हैं, उनका सारा जीवन दुख, दुर्भाग्य और परावलम्बन की दुखद कथा बनकर रह जाता है। इस दुनिया में उन्हें बौद्धिक कम, बल्कि शारीरिक श्रम अधिक करके उदर निर्वाह करना पड़ता है।

काला अक्षर भैंस बराबर कहकर निरक्षरों का उपहास नहीं उड़ाना चाहिए। साक्षर होना यद्यपि पहली आवश्यकता है फिर भी इससे आगे बढ़कर हमें स्वयं का सर्वांगीण विकास करना चाहिए। हमें समाज का अंग बनकर समाज के लिए उपयोगी कोई ऐसा व्यवसाय या काम करना चाहिए जो समाज की दृष्टि में हमें उपयोगी सिद्ध करे।

अध्ययन का तात्पर्य

समाजोपयोगी व्यक्ति ही स्वयं के लिए भी उपयोगी होता है। अतः ज्ञानार्जन में अध्ययन की आवश्यकता समझ लेनी चाहिए। वस्तुतः अध्ययन एक साधना है। किसी विषय से एकात्मकता की जिद, उस पर अधिकार करने की इच्छा और नियमपूर्वक उसे आत्मसात् करने का सतत् प्रयास इस साधना के लिए आवश्यक है।

अध्ययन का शास्त्रीय विवेचन

अध्ययन से हमें जानकारी मिलती है। इस जानकारी को जब हम व्यवहार में उपयोग करते हैं। तब वह ज्ञान कहलाता है और ज्ञान की धारणा ही हमें अच्छे-बुरे का पहचान कराती है।

उदाहरण से यह बात समझी जा सकती है।

हमें जानकारी हुई कि सत्य बोलना मनुष्य का कर्तव्य है। हम सत्य बोलने लगे और यह व्यवहृत जानकारी ज्ञान बन गई। इस ज्ञान से ही हममें सद्-असद् और विवेक जागा। क्या अच्छा है? क्या बुरा है? यह समझने की बुद्धि ही अध्ययन का लक्ष्य है।

भगवान कृष्ण का एक नाम रणछोड़ भी है। यवन बड़ी सेना लेकर उनसे लड़ने

आया था। इतने लोगों को युद्ध में रत करके उनमें कइयों को मरवाना वे नहीं चाहते थे। उन दिनों व्यक्तिगत रूप से दो सेना नायकों को परस्पर भिड़कर जीत-हार कर लेने से भी बिना सेना के युद्ध के हार-जीत निश्चित होती थी।

इस रणनीति के तहत श्रीकृष्ण रण छोड़कर भागे। यवन पीछा करने लगा। आगे की कथा यह है कि उन्होंने अपना पीताम्बर एक गुफा में तपस्या में मग्न एक साधु पर डाल दिया।

यवन ने उस साधु को ही कृष्ण समझकर प्रहार किया। साधु ने प्रत्युत्तर में अपने तेज और तप से यवन का नाश कर डाला।

महाभारत में अभिमन्यु के पुत्र परीक्षित के मरने पर, वे कहते हैं, "यदि मैंने कभी मिथ्या भाषण न किया हो, कभी युद्ध में पीठ न दिखाई हो तो अभिमन्यु का यह पुत्र जीवित हो उठे।"

और परीक्षित जी उठा।

विवेक से ही ज्ञान का सही उपयोग

रणभूमि से कृष्ण का पलायन, पलायन न था। उस पलायन का हेतु मनुष्यों की प्राण रक्षा थी। सत्यभाषण तभी सत्य होगा जब वे प्रिय लगे, जब उसका आशय सत्य हो।

अन्धे को अन्धा न कहकर सूरदास कहा जाता है। किसी स्त्री को माँ कहना अलग बात है और ओ मेरे 'पिता की पत्नी' कहना अलग। पहला सम्बोधन सत्य है, दूसरा विश्लेषण असत्य।

सत्य का तात्पर्य

सत्य वह शब्दों तक सीमित नहीं होता। कोई नहीं कह सकता कि मैं शब्दों में परिवर्तन कर झूठ बोल रहा हूँ। समयानुसार सत्य की आत्मा बनाए रखने के लिए शब्द बदल जाते हैं।

अध्ययन से विवेकशीलता

जानकारी से ज्ञान बढ़ाना ही अध्ययन का उद्देश्य होना चाहिए। आत्मविश्वास और मनोबल का विकास इसी विवेकशीलता की देन है। अध्ययन से ही मनुष्य में सारे मानवोचित गुणों का विकास होता है।

अध्ययन की महत्ता

आज के स्पर्धा प्रधान युग में जीवन की सफलता के लिए योग्य ज्ञानार्जन करते रहना चाहिए। जीवन की हर परीक्षा में अग्रणी रहने के लिए अध्ययन और उससे उपार्जित परिणामों को प्राप्त करने की चेष्टा जरूरी है।

अध्ययन की आवश्यकता, भौतिक ही नहीं आध्यात्मिक कल्याण के लिए भी हुआ करती है। इसीलिए इसे ज्ञान-योग भी कहते हैं। अतः छात्रों, उठो! दृढ़ संकल्प के साथ अध्ययन में जुट जाओ। अध्ययन का महत्त्व और आवश्यकता का ज्ञान अब तुम्हें निःसन्देह जीवन में सफलता दिलाएगा।

5

अध्ययन के लिए मानसिक तैयारी

अध्ययन करते समय हमें स्मरण रखना चाहिए कि हमें अलग-अलग विषयों को आत्मसात् करने के लिए विभिन्न तरीकों का प्रयोग करना है। यहाँ अगले अध्यायों में प्रसंगानुसार सभी तरीकों का उल्लेख किया जाएगा। परन्तु सर्वसामान्य तरीकों में सबसे पहले हमें अध्ययन में अपनी रुचि जागृत करनी चाहिए। पिछली बार दृढ़ निश्चय और ध्येय को निर्दिष्ट करने पर हम चर्चा कर चुके हैं, यहाँ उसी विषय पर कुछ अधिक ध्यान देकर अध्ययन के लिए मानसिक तैयारी को स्पष्ट करेंगे।

संकल्प दुहराओ

मन ही मन यह संकल्प करो।

"यद्यपि मुझे परीक्षा में कुछ विषयों में अंक कम मिले हैं, कक्षा में मैं अपने को पिछड़ा हुआ पाता हूँ, तथापि मैं संकल्प करता हूँ कि इसी माह में मैं इन सब विषयों का गम्भीर अध्ययन कर पारंगत हो जाऊँगा।"

यह संकल्प, कार्य के प्रारम्भ में करने से अधिक लाभ होगा। इस निश्चय को दुहराते रहो। कोई निराशावादी विचार कि मैं अध्ययन में पिछड़ा रहूँगा। कहीं परीक्षा में अनुत्तीर्ण हो सकता हूँ, मत सोचो।

महत्त्वाकांक्षा, आधी सफलता है। मनोवैज्ञानिकों का मत है कि मनुष्य का भविष्य उसके दृष्टिकोण से बनता है।

लक्ष्य पर दृष्टि रखो

बिना लक्ष्य के जीवन के महत्त्वपूर्ण कार्य पूरे नहीं किए जा सकते हैं। लक्ष्यहीनता प्रयत्न को हास्यास्पद बना देती है। अध्ययन जैसे गम्भीर कार्य लक्ष्यहीन होने से कैसे सम्भव हो सकते हैं? हमारे खेलकूद भी बिना लक्ष्य के खेले नहीं जाते। क्या बिना नेट का कोई टेनिस खेल सकता है? या बिना गोलपोस्ट के हॉकी या फुटबॉल खेलना सम्भव है?

संकल्प ही हमारे लक्ष्य को पूरा करता है। हमारी इच्छा कोई अवास्तविक या असम्भव बातों के लिए नहीं है। लक्ष्य पर दृष्टि रखें। एकाग्रता अध्ययन का मूलमन्त्र

है। अतः समय-समय पर इस पर हम पुनः चर्चा करते रहेंगे। 'समयबद्ध कार्यक्रम' संकल्प द्वारा ही पूरा होता है।

मैग्निफाइंग ग्लास से कागज को जलाया जा सकता है। सूर्य की धूप में पड़ा कागज नहीं जलता, मगर मैग्निफाइंग ग्लास सूर्य किरणों को संयुक्त कर एकाग्र कर देता है और फिर कागज जल उठता है। यदि हम कागज को हिलाएँ तो मैग्निफाइंग ग्लास उसे जला नहीं पाता। एकाग्रता यही है। दृढ़ संकल्प से ही एकाग्रता जन्म लेती है।

लक्ष्य ऊँचा हो

यदि किसी का लक्ष्य आकाश को अपने बाण से बेधना है और इसके लिए वह प्रयत्नरत है, तो यह तय है कि उसका बाण संसार के ऊँचे से ऊँचे पेड़ से ऊपर जाएगा ही।

कवि दुष्यन्त का एक शेर है, "कौन कहता है आसमान में छेद नहीं हो सकता, एक पत्थर तो तबीयत से उछालो यारों।"

किसी ने ठीक ही कहा है, "निम्न महत्वाकांक्षा अपराध है।" यह अपराध हम अपने प्रति करते रहते हैं। नित्य अपनी आकांक्षाओं को ऊपर उठने दो।

निश्चित लक्ष्य को जागते सोते दो बार दुहराओ।
उसे बार-बार लिखो। भूलो मत।

इससे तुम अपने कार्य व्यापार में एक आश्चर्यजनक प्रगति पाओगे। इस प्रगति पर तुम्हें भी आश्चर्य होगा। अध्ययन में जिन नई बातों और नई जानकारियों को तुमने सीखा है उसके प्रति सोचकर, सूची बनाकर देखो। अपनी प्रगति का अनुमान लगेगा। यह प्रेरणादायक होगा।

चेतन अवचेतन मन का प्रयोग

मन के दो प्रकार हैं, चेतन और अवचेतन मन। चेतन मन सजग रहता है वह जानबूझकर सकारात्मक विचारों को ग्रहण करता है। अवचेतन मन सकारात्मक तथा नकारात्मक दोनों को ग्रहण कर सकता है। चेतन मन, अवचेतन मन पर नियन्त्रण रखता है। चेतन मन माली है, अवचेतन मन जमीन है। चेतन मन चालक है, अवचेतन मन गाड़ी है। अवचेतन मन पर नियन्त्रण रखने के लिए उसे निर्देश करना पड़ता है। उसे ऐसे निर्देश देना चाहिए जो हमारे संकल्प, सफलता, दृढ़ता, आशा, निश्चय-कर्म, प्रयास-निरन्तरता से सम्बद्ध हो अन्यथा वह नकारात्मक चिन्तन में लग सकता है। वह भय, असफलता, लक्ष्यहीनता तथा निराशा को अपनाकर जीवन बिगाड़ सकता है।

अवेचतन मन को सही निर्देश न मिलने पर वह अनायास ही गलत निर्देश ग्रहण कर लेता है।

अवचेतन मन कैसे काम करता है?

अवचेतन मन जब कार्यरत होता है, तब हम अनायास उसके इशारे पर चल निकलते

हैं। चेतन मन की उपेक्षा अनायास हो जाती है। विज्ञापनों में इस मनोवैज्ञानिक कमजोरी का ही उपयोग किया जाता है। उदाहरण किसी अभिनेता द्वारा किसी विशेष ब्रांड के च्यवनप्राश की प्रशंसा हम अखबार या टी.वी. में देखते हैं। मान लो वह उंझा कम्पनी का है। बाजार में च्यवनप्राश लेते समय हमें डाबर, वैद्यनाथ इत्यादि कम्पनियों के च्यवनप्राश बताए जाते हैं, किन्तु हम अनायास उंझा का ही खरीद लेते हैं। यह अवचेतन मन के संकेत से होता है। यहाँ चेतन मन ने उसपर नियन्त्रण नहीं किया है। बड़ी-बड़ी कम्पनियाँ करोड़ों रुपए विज्ञापनों पर खर्च करके ग्राहकों के अवचेतन मन पर अपने उत्पाद की श्रेष्ठता बिम्बित करने में सफल होती हैं।

एक प्रयोग

रात को सोते समय अवचेतन मन को निर्देश करिए, मुझे पाँच बजे प्रातः जागना है। सात बजे ट्रेन पकड़नी है।

चेतन मन ने यह निर्देश सुना है, अवचेतन ने भी चेतन मन से सुनकर धारण कर लिया है। आपने यह अनुभव किया होगा कि ठीक पाँच बजे आपकी नींद खुल गई।

निष्कर्ष यह है कि अपने मन को सही आदेश या निर्देश देते रहो। उसे निराशा, असफलता और अविश्वास से बचाकर आशा, सफलता और विश्वास के सुझाव देकर अपने जीवन में सकारात्मक शक्ति का संचार करो।

अध्ययन करते समय मन की इस चमत्कारिक शक्ति का प्रयोग करो। मैं सही ढंग से अध्ययन करके परीक्षा में अच्छे नम्बर पा लूँगा, यह निर्देश तुम्हें सफलता दिलाकर ही रहेगा। मन को इस प्रकार तैयार करो और कार्यरत हो जाओ।

ऊबाहट को दूर करो

स्वनिर्देश से अध्ययन की ऊब मिटती है। अक्सर किसी विषय में प्रगति नहीं होने से उससे ऊब होने लगती है। प्रयास यह करें कि उस विषय का अध्ययन सफलतापूर्वक हो। सन्दर्भ पुस्तकें, मार्गदर्शिकाएँ और शिक्षकों से प्रश्न पूछकर उस विषय का आत्मसात् करें।

शिक्षक को श्रद्धेय समझो

गुरु को उनकी हर कमजोरी के बावजूद श्रद्धेय समझो। गुरु को ईश्वर से श्रेष्ठतर कहा गया है।

गुरु गोविन्द दोऊ खड़े, काके लागूँ पाय,
भला हुआ गुरु आपने, गोविन्द दियो बताय।

गुरु की कृपा से वंचित न हो। उनका शाप भी वरदान है। उनके विषय से ऊब तुम्हारे गलत अध्ययन से भी हो सकती है। गृहकार्य न करना, शंका पूछने में संकोच करना, पूर्वाभ्यास न करके कक्षा में जाना, सही टिप्पणियाँ न लेना भी ऊब का कारण है।

सदैव गुरु या शिक्षक के प्रति सोचो—

वे अच्छे शिक्षक हैं।
उनका पढ़ाने का ढंग अच्छा है।
मैं उनके विषय में प्रगति कर रहा हूँ।
मैं शीघ्र ही उनका ध्यान आकृष्ट कर लूँगा।

शिक्षक और सहपाठियों से सीखें

कुछेक शिक्षक उपहास करनेवाले होते हैं। यदि आप उपहास के कारण बने हों तो अपने आप पर नियन्त्रण रखें। विचलित न हों। जिस तरह खिलाड़ी जीतने के लिए खेलकर भी हार से परास्त नहीं होता, उसी प्रकार आप भी हार कर मुस्कराना सीखें। जीतना तो सभी चाहते हैं मगर हारना भी सीखें। हार को अपने पर हावी मत होने दें।

विद्यालयों में सामाजिकता का अभ्यास अनायास हो जाता है। सहनशीलता, धैर्य और उदारता की मनोवृत्ति भी हम वहीं से सीखते हैं। यह अनौपचारिक शिक्षा है। पुस्तकों से औपचारिक शिक्षा मिलती है, जिसमें प्रयास प्रमुख होता है। अनौपचारिक शिक्षा निष्प्रयास प्राप्त होती है। वातावरण हमें अनायास ही बदलने लगता है।

स्वनिर्देश से आत्मशक्ति का प्रसार

हर व्यक्ति में जो योग्यता होती है, वही उसकी आत्मशक्ति है। 'अहंब्रह्मास्मि', द्वारा हमारे ऋषियों ने हमें एक विराट शक्ति से संयुक्त ही नहीं किया अपितु हमें स्वयं को विराट बताया है।

अपने निजत्व की इस गोपन शक्ति को पहचानो। 'मैं सफल होऊँगा, मेरा भविष्य स्वर्णमय है।' इन शब्दों को दुहराओ।

विद्यार्थियों, यह स्मरण रखो, ईश्वर पर विश्वास रखकर तथा बुराइयों से बचकर जीवन की सफलता को निश्चित रूप से प्राप्त किया जा सकता है। अपनी सम्पूर्ण योग्यता को कार्यक्षम बनने दो।

प्रसिद्ध लेखक डेल कारनेगी ने कहा है जो व्यक्ति 25 प्रतिशत अपनी योग्यता का प्रयोग करता है वह विशिष्ट है, जो 50 प्रतिशत का प्रयोग करता है, वह सम्माननीय है और जो शत-प्रतिशत उपयोग करता है, उसका अस्तित्व दुनिया की सिर आँखों पर होता है।

अध्ययन के लिए अपनी इन्हीं योग्यताओं का भरसक उपयोग करें।

अपनी सुषुप्त शक्तियों को जगाएँ

स्वनिर्देश करके आत्मशक्तियों को जगाएँ।

बार-बार कहें, मेरी बुद्धि विकसित है, आत्मा ज्ञानग्राही, हृदय संस्कार युक्त। मैं ज्ञान साधना में रत हूँ। ईश्वर मेरा सदैव सहायक रहा है, वही मुझमें अदम्य शक्ति का संचार

कर रहा है। मैं शीघ्र ही आश्चर्यपूर्वक उन्नति करूँगा। वह समय ईश्वर की कृपा से नज़दीक है।

स्वनिर्देश हमें आत्मबल देता है। हमारी जिन शक्तियों का हमें पता नहीं होता उन्हें कार्यक्षम बनाता है।

कठिन कार्य कैसे पूरा हो?

कठिन से कठिन कार्य पूरा करने के लिए, अपने मन को तैयार करें। मन को तैयार करने के लिए अपने आप पर नियंत्रण करना होगा। यह अनुशासन कहलाता है।

यह अनुशासन दो प्रकार का होता है।

(1) बाह्यानुशासन (2) आत्मानुशासन

बाह्यानुशासन में आपके माता-पिता, गुरुजनों की आज्ञा, निर्णय और निर्देश का पालन होता है। यह आपकी स्वतन्त्रता को गुलामी में बदलने की दंड व्यवस्था नहीं है। बड़ों ने अपने अनुभवों से जो सीखा है, उसे आपको बिना अनुभव के सीखा देना वे आवश्यक समझते हैं। यह आपकी उन्नति के लिए है। बड़ों पर विश्वास रखें। उनके उपदेशों पर अमल करें। ये उपदेश, नियम और अनुशासन आपके ऊपर उठाने के लिए हैं।

एक देश गुलामी के बाद आजाद हुआ। उस देश की एक बुढ़िया अपने शहर में मुख्य मार्ग से जा रही थी। उसने सड़क के नियम मानने से इनकार कर दिया। उसे समझाया गया, मगर वह कहने लगी, "आज मैं आजाद हूँ, कहीं से भी चलूँ, तुम्हें क्या?"

और कुछ देर बाद वह कुचल गई।

अनुशासन के लिए एक उदाहरण अक्सर दिया जाता है। एक बच्चा कहने लगा, पतंग की डोर के कारण पतंग और ऊँचे उड़ नहीं रही है। उसने यह बात पिता से कही जिन्होंने कहा डोर के कारण ही पतंग ऊपर जा रही है। डोर पतंग का बन्धन नहीं अनुशासन है। बच्चा के न मानने पर उन्होंने डोर काट दी।

रेलगाड़ी पटरी पर दौड़ा करती है। पटरी पर रहना उसका अनुशासन है। यदि वह पटरी से उतर जाए, तो चल ही नहीं पाएगी।

इन उदाहरणों से सिद्ध होता है कि अनुशासन ही हमें ऊपर उठाता है। बाह्यानुशासन जीवन की प्रगति और सुरक्षा के लिए है। अध्ययन के लिए माता-पिता और शिक्षकों का आग्रह बाह्यानुशासन है। जब हमारी उम्र कम होती है, हमें पढ़ाई लिखाई से क्या लाभ है, नहीं समझ आता तब बाह्यानुशासन ही हमें सही रास्ते पर रखता है।

आत्मानुशासन श्रेष्ठतर है

बाह्यानुशासन की अपेक्षा आत्मानुशासन श्रेष्ठतर है। वही संयम और कर्तव्य के प्रति हमें जागरूक रखता है।

"मुझे गम्भीरतापूर्वक अध्ययन में जुटना है। मैं अपनी समय सारिणी का पालन करूँगा। अध्ययन से ऊबनेवाला नहीं। मैं अपने आप पर अच्छे और उपयोगी नियमों का पालन करने का बन्धन खुश होकर डाल रहा हूँ।" यह बार-बार कहो।

आत्मानुशासन के बगैर परिश्रम सम्भव नहीं—वीरकर महाशय ने लगभग तीस वर्ष तक शब्दकोश तैयार करने में खर्च कर डाले। मिल्टन 'पैरेडाइज लॉस्ट' लिखने के लिए प्रातः 4 बजे से उठकर बैठ जाते।

प्रेमचन्द ने 'मंगलसूत्र' लिखते समय कई बार खून की उल्टियाँ की थी। उन्हें स्वास्थ्य ठीक न होने से लिखने में जल्दी थकान हो जाती थी, किन्तु वे आत्मानुशासन से प्रेरित होकर उस कठोर श्रम को भी बहुत हल्का काम समझते थे।

उदयशंकर विख्यात नर्तक थे। अमेरिका में अमलाशंकर (पत्नी) को लेकर नृत्य प्रदर्शन कर रहे थे। एक दर्शक उनसे मिलकर कहने लगा, "आप जैसा नृत्य सीखने के लिए मैं जीवन भर प्रयत्न करने को तैयार हूँ।"

उदयशंकर ने कहा, "मैंने तो जीवन ही नृत्य को दे डाला है।"

सर्कस में दस मिनट का कार्यक्रम पेश करने के लिए कलाकार बरसों अभ्यास करते हैं। आत्मानुशासन से हम अच्छी बातें सीखते हैं। आत्मानुशासन से प्रतिदिन नियमित किया जानेवाला कठिन कार्य भी हमारी आदत बन जाता है। **अच्छी आदतें आत्मानुशासन की देन है।** नियमित अध्ययन भी आत्मानुशासन से सम्भव हो पाता है।

विद्यार्थी को अध्ययन के लिए स्वयं अपनी खुशी से, अपने को नियमों के बन्धन में बाँधना पड़ता है। बार-बार प्रयासपूर्वक किया जानेवाला हर कठिन कार्य सुगम हो जाता है।

प्रेरणा का महत्त्व

परिणाम कारक अध्ययन के लिए प्रेरणा का महत्त्व नहीं भुलाया जा सकता। प्रेरणा भी दो प्रकार की होती हैं :

(1) बाह्यप्रेरणा (2) अन्तर्प्रेरणा।

महापुरुषों के जीवन की सफलता के लिए वे ऐसा बाह्य प्रेरणा को कारणीभूत बनाते हैं। दुनिया के सफल व्यक्ति इसी प्रकार अपनी सफलताओं का श्रेय बाह्यप्रेरकों को देते हैं।

छत्रपति शिवाजी, माता जीजाबाई और गुरु कोंडदेव को; गांधीजी अपनी माँ पुतलीबाई को, अपना प्रेरक मानते थे।

दुनिया की मशहूर हस्तियाँ यथा माइकेल एंजलो जैसा चित्रकार, बिथोवन जैसा संगीतकार, शेक्सपीयर और कालीदास जैसे कवि, मार्टिन लूथर किंग, अब्राहम लिंकन और जवाहरलाल नेहरू जैसे महापुरुषों के जीवन की सफलता में किसी न किसी महापुरुष की प्रेरणा प्रमुख थी। ऐसे महान कलाकारों, देशभक्तों और महापुरुषों की जीवनियाँ पढ़कर ही हमें भी प्रेरणा मिलती है।

प्रेरणा के कारण ही कई विद्यार्थी अध्ययन में विश्वसनीय तरीके से सफल होते हैं।

शिक्षक छात्रों को अवश्य प्रेरित करें

मैंने कई छात्रों को प्रशंसा से प्रेरित होकर बहुत उन्नति करते देखा है। शिक्षक की प्रेरणा छात्र की दबी प्रतिभा को जगा देती है।

विद्यार्थियों को प्रेरित करने के लिए जब शब्दों का प्रयोग हो, प्रशंसा या सम्मानवृद्धि हो तो यह प्रेरणा सूक्ष्म होती है, परन्तु उसे जब पुरस्कार, प्रमाणपत्र, छात्रवृत्ति या प्रमाणपत्र दिया जाता है तो यह प्रेरणा साकार रूप लेती है।

अध्ययन में प्रगति के लिए ये दोनों प्रेरणाएँ अवश्य हों।

अन्तर्प्रेरणा बाह्यप्रेरणा का ही परिणाम

कभी-कभी छात्र को बाह्यप्रेरणा नहीं मिलती। ऐसी दशा में उसे स्वयं अपनी अन्तर्प्रेरणा से अध्ययन में तत्पर होना पड़ता है। यदि वह सफल होने लगता है तब बाह्य प्रेरणा भी उसे प्राप्त हो जाती है। इसीलिए कहते हैं, "असफलता ही सफलता की जननी है।"

यदि आपको अपने माता-पिता, अभिभावकों या प्राध्यापकों से कोई प्रेरणा या प्रोत्साहन नहीं मिल रहा हो तो अपनी अन्तर्प्रेरणा को जागृत करें। गम्भीर अध्ययन से ही आप उन्नति कर रहे हैं, इस प्रकार के स्वनिर्देश अन्तर्प्रेरणा को प्रबुद्ध करते हैं।

इसी अन्तर्प्रेरणा से मानसिक सन्नबद्धता, आत्मविश्वास की वृद्धि और निश्चय में दृढ़ता आती है। अध्ययन को सरल, सुगम और सफल बनाने के लिए ये प्रेरणा आवश्यक होती है।

ईश्वर में असीम आस्था

कई बार ईश्वरीय आस्था से मनुष्य अन्तर्प्रेरणा द्वारा असम्भव कार्य सुचारु रूप से कर डालता है। यह अन्तर्प्रेरणा अपने आराध्य के विश्वास से जन्म लेती है। ईश्वर पर भरोसा करें। वह आपका प्रेरक ही नहीं सहायक भी है।

6

अध्ययन के लिए स्थान और समय निर्धारण

अध्ययन को अधिक परिणाम कारक बनाने की दृष्टि से उसका स्थान और समय भी तय करना आवश्यक होता है। अध्ययन में एकाग्रता सर्वाधिक महत्त्वपूर्ण होती है। बिना एकाग्रता के अध्ययन सम्भव नहीं होता। एकाग्रता के लिए आन्तरिक भावनाओं एवं विचारों पर नियन्त्रण करना आवश्यक होता है। यह नियन्त्रण ही आत्मनियन्त्रण है। आत्मनियन्त्रण के लिए यह दृढ़ निश्चय और ध्येय निर्धारित करना पड़ता है।

इसीलिए सफलता को दृढ़ निश्चय, कर्म सजगता, प्रयत्न तत्परता और एकाग्रता का जोड़ कहा जाता है।

पहले एकाग्रता को समझें

एकाग्रता यानी अपनी सम्पूर्ण मानसिक शक्तियों को अध्ययन विषय पर केन्द्रित करना है। यह विषय चिन्तन, मनन, लेखन एवं पुनर्पाठन से स्मरण करना ही अध्ययन का उद्‌देश्य है। तथापि विद्वानों के अनुसार अध्ययन का उद्‌देश्य ज्ञान विकास तथा व्यवहार परिवर्तन के साथ व्यक्तित्व विकास भी माना गया है।

एकाग्रता कैसे सम्भव है?

एकाग्रता को व्यावहारिक तौर पर समझने के लिए द्रोणाचार्य द्वारा पांडवों को शरसंधान की शिक्षा का उदाहरण दिया जाता है। निशाना लगाने के लिए पाँचों पांडव धनुष पर तीर रखकर प्रत्यंचा खींचते हैं। पेड़ की डाल पर एक खिलौना पक्षी रखा है जिसकी आँख में तीर मारना है। द्रोण बारी-बारी से सबसे पूछते हैं—तुम्हें संधान में क्या दिख रहा है। सबको पंछी की आँख के सिवा और बहुत सी चीजें, वृक्ष की डाली, पंछी वगैरह दिखते हैं। एक अर्जुन को पंछी की आँख के अतिरिक्त कुछ नहीं दिखता। यही एकाग्रता है जिसके कारण उसका शरसंधान अचूक होता है। विद्यार्थी को भी अपने लक्ष्य के सिवा और कुछ भी नहीं दिखना चाहिए। एकाग्रता के लिए अध्ययन-विषय पर ध्यान केन्द्रित करना जरूरी है। मन की शक्तियों को एकाग्र करके, चिन्तन-मनन करना आवश्यक है। एकाग्रता में सरलता लाने के लिए अध्ययन विषय के सिवा शेष सारी बातें भूल जानी

चाहिए। व्यर्थ के विचार दिमाग में न आए इसके लिए विद्यार्थी को अन्य आकर्षण त्यागने पड़ते हैं। टी. वी, सिनेमा और ध्यान हटानेवाले विचारों से मन मस्तिष्क को साफ करना पड़ता है। अतः विशेषज्ञ तो यहाँ तक कहते हैं, ये टी.वी., सिनेमा आदि देखना समय की बर्बादी है।

एकाग्रता के लिए पहली आवश्यकता स्थान निर्धारण

एकाग्रता के लिए सही स्थान का चुनाव विद्यार्थी स्वयं करे। उस स्थान पर उसके ध्यान भंग करनेवाले 'कारक' बिल्कुल न हों। उस स्थान के प्रति विद्यार्थी को लगाव होना चाहिए। वह स्थान उसकी पसन्द का हो, तभी एकाग्रता बनी रहेगी। उस स्थान पर उसके अध्ययन के लिए सारे साधन उसकी पहुँच में हों। पाठ्य पुस्तकें, सन्दर्भ पुस्तकें, कलम, नोट बुक तथा फाइलें सारी आवश्यक वस्तुएँ हों। पढ़ने की जगह शान्त, एकान्त और शोर-गुल वाली न हो। प्रकाश और हवा की व्यवस्था भी पर्याप्त होनी चाहिए अन्यथा सिर दर्द या आँख की पीड़ा हो सकती है। कुर्सी, मेज या बैठने की व्यवस्था से पीठ और कमर में पीड़ा न हो।

अध्ययन के लिए स्थान

(1) **अपना घर :** अपना घर और उसमें अच्छा कमरा, हवा और प्रकाश की व्यवस्था तथा समस्त अध्ययन सामग्री की उपलब्धता, अध्ययन के लिए सर्वाधिक उपयुक्त स्थान माना जाता है।

हम अपने घर में स्वतन्त्र होते हैं। अध्ययन का वातावरण अपने अनुकूल बना सकते हैं। थकान मिटाने के लिए बीच-बीच में लेटकर, इधर-उधर देखकर, कुछ खा-पीकर तरोताज़ा हो सकते हैं। अपनी एकाग्रता को बनाए रखकर, किसी के दबाव और नियन्त्रण का बोझ न रखते हुए मन को एकाग्र कर सकते हैं।

अध्ययन के लिए मन पूरी तरह शान्त और निश्चिन्त होना चाहिए। यदि कुछ समय से हमें किसी से मिलने जाना हो, किसी कार्यक्रम के लिए तैयार होना हो, घर का सौदा आदि लाने बाज़ार जाना हो, तो ऐसी चिन्ताएँ भी पढ़ाई में बाधा पहुँचाती है।

इसी प्रकार दुख या अवसाद से भी मन नहीं लगता। घर में कोई बीमार हो, कर्ज़ की चिन्ता या और किसी आपदा से घर के लोग परेशान हों, तो भी अध्ययन सम्भव नहीं होता।

मेरा एक मित्र पढ़ाई के लिए होस्टल में था। परीक्षाएँ शुरू थीं वह अक्सर अपनी माँ की तबीयत के लिए चिन्तित रहता था। उसके पिता ने होस्टल में आकर बताया कि माँ स्वस्थ है और अब परीक्षा में उसे ध्यान लगाना चाहिए। परीक्षा के दौरान वह ठीक से पढ़ाई करता रहा। परीक्षा देने के बाद जब घर लौटा तो मालूम हुआ कि माँ का देहान्त उसी समय हो गया था जब पिताजी ने कहा था कि वे स्वस्थ हैं। अपने पुत्र को इस वेदना से दूर रखकर उसके अध्ययन की एकाग्रता भंग न हो इसके लिए

पिता ने अपनी भावनाओं पर नियन्त्रण किया था। रिवाज के अनुसार उन्होंने सिर के बाल भी नहीं मुँड़वाए थे।

यदि वे ऐसा न करते तो वह विद्यार्थी अनुत्तीर्ण हो जाता। यह मर्मांतक दुख उसे अध्ययन की एकाग्रता से पूरी तरह वंचित करता इसमें कोई सन्देह नहीं है।

(2) **पुस्तकालय :** अध्ययन के लिए पुस्तकालय भी एक उत्तम स्थान है। पुस्तकालय में सारी सुविधाएँ उपादेय होती हैं। ग्रन्थों की उपलब्धता, नोट्स और टिप्पणियाँ लेने के लिए, विविध ग्रन्थों का अध्ययन, शान्त एकान्त और सहपाठी छात्रों को अध्ययन करते देख स्वयं भी अध्ययनरत होने की उत्प्रेरणा, यह पुस्तकालय में ही सम्भव है।

चूँकि पुस्तकालय का समय निर्धारित होता है, अतः निश्चित समय में ही उससे लाभ उठाया जा सकता है। दूसरी तरफ असुविधा यह कि विद्यार्थी अपनी सुविधा से कभी भी पुस्तकालय का उपयोग नहीं कर पाता। इसलिए उसे उपलब्ध समय में ही पुस्तकालय से अधिकाधिक लाभ उठाना जरूर चाहिए। अपने दूसरे काम छोड़कर पुस्तकालय के निर्धारित समय पर अध्ययन के लिए वहाँ उपस्थित रहना पड़ता है।

घर के बाद, पूरक सुविधा उपलब्धि की दृष्टि से पुस्तकालय का उपयोग आवश्यक है।

(3) **मित्र का घर :** अध्ययन की दृष्टि से यह इतनी उपयोगी जगह नहीं है। अक्सर देखा गया है कि अध्ययन के लिए मित्र का घर अनुपयुक्त स्थान है। क्योंकि मित्र के घर पहुँचकर ज्यादा समय इधर-उधर की गप्पों में बर्बाद होता है। इस स्थान का प्रयोग अध्ययन के लिए कम परन्तु दिल बहलाने के लिए अधिक होता है। मित्र के साथ अध्ययन न करके हमें अभ्यास मंडलों से लाभ उठाना चाहिए जिसकी चर्चा हम अन्यत्र करेंगे।

मित्र का घर अध्ययन के लिए तभी प्रयोग करना चाहिए यदि हमारे घर में अत्यधिक असुविधा या पुस्तकालय में पहुँचने में कठिनाई हो। इसके लिए एक अन्य पर्याय की चर्चा यहाँ कर रहे हैं।

(4) **बगीचा या प्राकृतिक स्थल :** अपनी कुछेक जरूरी पुस्तकें, नोट बुक्स, लेखन साहित्य लेकर बगीचे या अन्य स्थल पर पहुँचा जा सकता है। परन्तु ऐसे स्थल पर ध्यान बँटने की पूरी सम्भावना रहती है। केवल पठन के लिए ऐसे स्थान उपयुक्त होते हैं। फिर भी ऊब मिटाने के लिए और विषय के अध्ययन में ताज़गी लाने के लिए स्थान का यह फेर-बदल अच्छा हो सकता है।

समय का निर्धारण

अधिकतर विद्यार्थी समय सारिणी बनाकर अध्ययन करने को अपने पर कठोर नियन्त्रण लादना समझते हैं। परन्तु इसके अनेक लाभ हैं तथा जिसमें नियमितता प्रमुख है।

(1) **नियन्त्रण दुख नहीं :** साप्ताहिक समय सारिणी बनाकर उस पर से ही मासिक

सारिणी बनाई जा सकती है। और इस प्रकार पाठ्यक्रम का सही योजना निर्धारण हो सकता है।

साइकिल चलाना सीखने में प्रारम्भ में बहुत कष्ट होता है। गिरना, चोट लगना तो सम्भव है ही। मगर सीख लेने पर पैदल चलने की अपेक्षा साइकिल की सवारी अधिक पसन्द आने लगती है। यही बात समय सारिणी बनाकर पढ़ने में है। प्रारम्भ में कष्टप्रद होकर भी यह अध्ययन आदत बनने पर सुखद होता है। आत्मनियन्त्रण करने का यह प्रयोग विद्यार्थी के लिए आजीवन उसे स्वानुशासन और संयम सिखाता है। भविष्य में उसके जीवन में यही आदत सफलता का कारण बनती है।

(2) **समय का पूरा उपयोग :** अधिकतर छात्र समय की कमी का रोना रोया करते हैं। उन्हें समय न मिलने से वे पिछड़ जाते हैं। विद्यालय का गृहकार्य नहीं कर पाते। कक्षा में चर्चा के दौरान स्वयं को हीनता से युक्त पाते हैं। परीक्षा पास आने पर भी पाठ्यक्रम का बोझ समयाभाव के कारण कष्ट देता रहता है।

वस्तुतः पाठ्यक्रम का समय निर्धारण लक्ष्य को ध्यान में रखकर ही तैयार किया जाना चाहिए। इससे पढ़ाई पर अनावश्यक बोझ नहीं पड़ती। इस प्रकार योजनाबद्ध तरीके से अध्ययन सम्भव होता है। यही महाविद्यालय के छात्रों के लिए भी सत्य है।

(3) **समय प्रबन्ध से निश्चिन्तता :** अपने आपको चिन्तामुक्त रखने के लिए समय सारिणी बनाकर प्रत्येक विषय को समान महत्त्व देकर उसका अध्ययन करते रहना चाहिए। इससे हम चिन्ता से मुक्त रहते हैं। परीक्षा के पास आने पर जल्दबाजी या चिन्ता करने की आवश्यकता नहीं होती।

(4) **समय सारिणी का लचीलापन :** अध्ययनार्थ बननेवाली समय सारिणी प्रति सप्ताह आवश्यकतानुसार परिवर्तनशील होनी चाहिए। वह विद्यार्थी की मदद के लिए है। विषयों के महत्ता के अनुसार समय-सारिणी में फेर-बदल करना चाहिए।

(5) **समय सारिणी कारगर हो :** अध्ययन में हम कितनी देर तक पढ़ते हैं इसका हिसाब न लगाकर, हम कितने परिणाम कारक तरीके से पढ़ते हैं, यह महत्त्वपूर्ण होता है। समय सारिणी, अध्ययन के परिणाम, उसकी गूढ़ता और कुशलता को सम्भव बनाती है। एक विद्यार्थी दस घंटे पढ़कर भी वह अध्ययन नहीं कर पाता जो समयबद्ध नियमित और निश्चिन्त होकर एकाग्रता से दो घंटे पढ़कर किया जाता है।

समय-सारिणी बनाकर अध्ययन करना यह सम्भव कर दिखाता है।

(6) **समय-सारिणी में ध्यान रखने की बातें :** समय सारिणी में सभी विषयों को अन्तर्हित करना चाहिए। विषयों को महत्त्व और व्याप्ति के अनुसार समय देना चाहिए। साथ ही खेल, मनोरंजन, नींद और विविध कार्यों के लिए भी समय निर्धारण होना चाहिए। यह स्मरण रहे कि हमें किताबी कीड़ा बनने के लिए समय सारिणी का उपयोग नहीं करना है। हमारे व्यक्तित्व के विकास के लिए, जो शिक्षा का मुख्य उद्देश्य है उसको भी पूरा करना आवश्यक है। खेलकूद, मित्रों से मिलकर सामाजिकता और व्यवहार कुशलता आदि भी सीखना चाहिए। नींद समय पर और यथेष्ठ होनी चाहिए, अन्यथा

ऊब और थकान से अस्वस्थता महसूस होगी। अध्ययन में कार्यकुशलता का भी उपयोग होता है। रात-रातभर उलूकों सा जागना शारीरिक और मानसिक बीमारियों को जन्म देता है। मानसिक और शारीरिक विकास समय सारिणी से अवरुद्ध नहीं होना चाहिए। जहाँ तक सम्भव हो विद्यालय के सत्रारम्भ से ही समय सारिणी बनाकर उसके अनुसार अध्ययन प्रारम्भ कर देना चाहिए।

समय प्रबन्ध में हमारी राय

अध्ययन के लिए प्रातः छह या सात से दस बजे तक और संध्या सात से नौ बजे तक का समय उपयुक्त होता है। कुछेक विद्यार्थी इसी काल को एक-एक घंटे की तालिका में अलग-अलग विषयों में बाँट लेते हैं। प्रत्येक घंटे के बाद वे थकान मिटाने का प्रयास भी करते हैं। कुछेक विद्यार्थी लगातार अध्ययन में रुचि रखते हैं। विद्यार्थियों को अपनी चाह और पसन्द के मुताबिक ही समय का निर्धारण या प्रबन्ध करना चाहिए। समय सारिणी में अपने समस्त विषयों को सप्ताह भर में कितना-कितना समय देकर आपने कितना अध्ययन किया है? यह सप्ताहान्त में देख लेना चाहिए। समय नियोजन एवं प्रबन्धन एक अत्यन्त उपकारक, कार्यकुशलता पूर्ण और आवश्यक व्यवस्था है। विद्यार्थी को इसका लाभ अवश्य उठाना चाहिए। यदि कुछ रट के याद करना हो तो प्रातः एक घंटा, अन्य विषय शुरू करने से पूर्व इस कार्य को कर लेना चाहिए।

7

सही पठन : अध्ययन की प्रथम सीढ़ी

पठन का महत्त्व

अध्ययन का प्रारम्भ पठन से होता है। प्राथमिक विद्यालयों में शिक्षक विद्यार्थियों को भाषा की तालिका में मात्राओं, विराम चिह्नों और शुद्ध उच्चारण करना सिखाते हैं। इसके लिए विद्यार्थियों से गृहकार्य के लिए कहा जाता है। इसके अन्तर्गत वे पाठ्यांश को तीन-चार बार जोर से घर पर पढ़कर आएँ। प्राथमिक विद्यालयों में मुखर वाचन या पठन जरूरी समझा जाता है। पहले शिक्षक पढ़कर, आदर्श पठन कैसे हो, यह बताते हैं। पढ़ते समय वे मात्राओं को स्पष्ट रूप से उच्चारित करते हैं, अल्प, अर्थ एवं पूर्णविराम पर रुकते हैं। जोड़ाक्षरों को, ड और ड़, ढ और ढ़, न और ण, स और श, है और हैं जैसे अक्षरों और शब्दों का सही-सही उच्चारण करना सिखाते हैं। शिक्षक द्वारा बाल्यकाल में कराया उच्चारण ही आजीवन साथ चलता है। हिन्दी और संस्कृत का उच्चारण प्रान्त-प्रान्त में कुछ-कुछ बिगड़ा-सा प्रतीत होता है। राजस्थान में पानी को पाणी, उन्नीस को उगणीस और अपने को अपणे करनेवाले पढ़े-लिखे लोग देखे जा सकते हैं। उत्तर प्रदेश में अ और आ का पृथक उच्चारण कम लोग करते हैं। उसी प्रकार न को ब, स्थान को इस्थान इत्यादि कहा जाता है। पंजाब में जोड़ाक्षर बोला ही नहीं जाता स्कूल को सकूल, स्टेशन को सटेसन कहा जाता है। मध्य प्रदेश जहाँ अधिकतर हिन्दी भाषी लोग हैं श और स का उच्चारण ठीक नहीं करते। 'ओशो रजनीश' अपना नाम 'ओसो रजनीश' बताते थे। 'शब्दों' को 'सब्दों' कहते थे। बचपन में पठन की योग्य शिक्षा न मिलने से जीवन भर हास्यास्पद उच्चारण-दोष पीछा नहीं छोड़ते। अपने वक्तृत्व से सम्मोहित करनेवाले ओशो का सम्मोहन गलत उच्चारण के कारण कई बार विघ्न पैदा करता था।

सही पठन से ही सही लेखन

हिन्दी लिखने की लिपि देवनागरी है। यह संसार की सर्वोत्कृष्ट लिपि है, जिसमें जैसा उच्चारण हो वैसा ही लेखन होता है। अंग्रेजी में बी यूटी, बट मगर पी यूटी, पुट होता है। कई शब्दों में व्यर्थ के अक्षर किसी शब्द की वर्तनी में प्रयोग किए जाते हैं।

साइकोलाजी, न्यूमोनिया, लेफ्टीनेंट इत्यादि शब्दों में व्यर्थ के अक्षर जिन्हें वे उच्चारण में 'साइलेंट अल्फाबेट' कहते हैं, रहा करते हैं।

अतः देवनागरी लिपि यह संसार की सबसे अधिक वैज्ञानिक और शुद्ध लिपि है। इस लिपि को शुद्ध पढ़ना चाहिए बार-बार पठन से तदनुरूप शुद्ध लेखन सम्भव होता है। हमारी स्मृति में शब्दों की शुद्ध ध्वनि 'रिकार्ड' हो जाती है और शुद्ध पठन ही शुद्ध लेखन का कारण बनता है।

पठन ही अध्ययन का प्रथम सोपान

अध्ययन के लिए पढ़ना-लिखना अनिवार्य है। एक प्रसिद्ध कवि के अनुसार—

कुछ लिख के सो, कुछ पढ़ के सो
कलतक जहाँ था, उससे आगे बढ़ के सो।

जीवन में ज्ञानार्जन करने, उन्नति करने के लिए लिखना-पढ़ना जरूरी है। महाराष्ट्र में कहावत है 'दिवसामांजी काही तरी तें लिहावे' अर्थात् दिनभर में कुछ न कुछ लिखना आवश्यक है। लिखना आवश्यक है, तो पढ़ना अपने आप होगा ही।

लिखने की तरह पढ़ने के भी नियम

पढ़ना, शुद्ध उच्चारण सहित, वेगपूर्वक और समझते हुए होना चाहिए। उक्त तीन नियम पढ़ने के साथ जुड़े हैं।

शुद्ध उच्चारण : हमारी माध्यमिक विद्यालयों में उत्तर प्रदेश से छपी एक संस्कृत पुस्तक बतौर पाठ्य पुस्तक प्रयोग की जाती थी।

उसका नाम मुखपृष्ठ पर छपा था, 'संस्कृत साहित्य बल्लरी', जहाँ उत्तर प्रदेश में व को ब कहना अजूबा न था। एक उत्तर प्रदेशीय शिक्षक, अ, ब और क को क्रमशः आ, बा, का कहा करते।

पढ़ते समय उच्चारण शुद्ध हो, यदि मौन पठन भी हो तो उच्चारण मन ही मन शुद्ध होना चाहिए।

कुछ लोग विशेषतः मध्यप्रदेश और पंजाब में, 'औ या ऐ' का उच्चारण नहीं जानते। भैंस को भेंस, पौधा को पोधा कहा करते हैं। मैं उनका में, और है उनका हे, होता है।

बिहार जहाँ सबसे अधिक पुस्तकें अन्य प्रान्तों की तुलना में, पढ़ी जाती है, जहाँ दिनकर और विद्यापति जैसे महाकवि जन्में, जिन्होंने पूरे संसार को हिन्दी सिखाई है, वहाँ 'बिहारी' भाषा का प्रभाव, इस प्रकार हिन्दी पर हुआ है कि बड़े-बड़े पढ़े लिखे नेतागण शब्दों के लिंग ही भूल जाते हैं। यह हमारी बहुत बड़ी गलती है, चूक है, दोबारा यह गलती नहीं होगी। गुजरात से लेकर बंगाल तक सभी प्रान्तों एवं क्षेत्रों की भाषा का हिन्दी पर प्रभाव देखा जाता है।

शुद्ध लेखन, शुद्ध पठन से आता है। शब्दों का उच्चारण सही हो, विराम चिह्नों और सम्बोधन, प्रश्न, भावदर्शक चिह्नों का पठन सही उच्चारण वाला होना चाहिए।

पठन का यह प्रथम नियम है। क्षेत्रीयता या प्रान्तीयता का हिन्दी पर असर न हो, इसका भी ध्यान रखना जरूरी है।

ध्येय निष्ठ पठन : कुछ लोग पठन को ध्येय निष्ठ और सामान्य पठन इन दो उद्‌देश्यों से संयुक्त करते हैं। ध्येयनिष्ठ पठन किसी विशेष अध्ययन से जुड़ा पठन होता है, जबकि सामान्य पठन मनोरंजन, समय काटने या कुछ भी पढ़ने की दृष्टि से होता है। कुछ लोग प्रतिदिन का समाचार पत्र पढ़ते-पढ़ते कुछेक विज्ञापन भी नहीं छोड़ते।

ध्येय निष्ठ पठन अध्ययन की दृष्टि से होता है।

अलग-अलग विषयों का पठन अलग-अलग ढंग से होता है। गद्य को पढ़नेवाला आगे क्या है?—जानने को उत्सुक रहता है, जबकि पद्य रसास्वाद और काव्य की विशिष्टताओं से युक्त होकर, उसका पुनर्वार पठन; उसमें निहित नए तथा अपरिचित सन्दर्भ, अन्तर्कथाएँ, भाव की गूढ़ता और कल्पना का विस्तार, काव्य सौन्दर्य और अन्य अंगों को उद्‌घाटित करने की दृष्टि से होता है।

विज्ञान से सम्बद्ध विषयों का पठन, समझने के लिए कुछ कम वेग से शीघ्रातिशीघ्र स्मरण करने की प्रक्रिया से बँधा होता है। विज्ञान में पूर्व सन्दर्भ के सम्पूर्ण ज्ञान के बिना आगे का पठन और अध्ययन सम्भव नहीं होता। विज्ञान में दिए सिद्धान्त, नियम, सूत्र और परस्पर कार्य-कारण सम्बन्धों का सजग होकर पठन; मनन, चिन्तन और लेखन की प्रक्रिया से जुड़ा होता है। जब तक वह स्मरण प्रक्रिया से नहीं जुड़ता, उसका पठनोद्‌देश्य पूर्ण नहीं होता। विज्ञान विषय में पठन के साथ लेखन साथ-साथ चलता है। अभ्यास बार-बार करके स्मरण करने की दृष्टि से उक्त विषय की धारणा आवश्यक होती है।

पठन क्षमता को विकसित करना

पठन क्षमता विकसित करने से तात्पर्य, जो कुछ जिस उद्‌देश्य से पढ़ा जा रहा है, उस उद्‌देश्य को पूरा करते हुए, पढ़ने की क्षमता को अधिकाधिक विकसित करना है।

पढ़ने की आदत बनी रहे इसके लिए समाचारपत्रों को प्रतिदिन पढ़ते रहना चाहिए। अवकाश के समय मनोरंजनार्थ पत्र-पत्रिकाएँ, कथा, उपन्यास भी शीघ्र पठन और द्रुत स्मरण की कुशलता को विकसित करते हैं।

अधिक-से-अधिक अंश का शीघ्र पढ़ने के लिए, एकाग्र होकर अपनी समस्त आकलन शक्ति संचित कर, विषय से एकाकार होना चाहिए। कठिन अंशों को समझने एवं स्मरण करने के लिए मौन-पठन की आदत आवश्यक है।

कुछेक विद्यार्थियों को अभ्यास न होने से पढ़ते समय होंठ हिलाने की आदत होती है। यह चेष्टा हमारे पठन वेग को कम करती है। मुखर पठन भी आवश्यक है, लेकिन वह किन कक्षाओं में और क्यों इस पर प्रारम्भ में प्रकाश डाला गया है। उच्च कक्षाओं में पाठ्यपुस्तकें दीर्घाकार होती हैं, अतः मौन पठन से ही उन्हें पढ़ा जा सकता है।

मौन पठन से अध्ययन में मदद

मौन पठन की आदत डालने के लिए होठों को मत हिलने दो। मौन पठन की आदत बन जाने पर अध्ययन में एकाग्रता और धारणा शक्ति का विकास होता है।

यूँ भी पठन की आदत अच्छी आदत है। बचपन से जिन छात्रों को पढ़ने की आदत होती है, वे अनायास ही विविध क्षेत्रों का ज्ञान अर्जित कर लेते हैं।

कविवर बच्चन अपनी आत्मकथा "क्या भूलूँ, क्या याद करूँ?" में लिखते हैं कि उन्हें इलाहाबाद की पब्लिक लाइब्रेरी ने, केवल मात्र 14 वर्ष की आयु में ही, साहित्य की विशेषताओं से संस्कारित कर दिया था। यदि वह लाइब्रेरी उन्हें बाल्यकाल में नहीं मिलती तो उनमें कविता का वह बीजारोपण नहीं हो पाता और वे हिन्दी साहित्य को वह नहीं दे पाते जिससे उन्हें यश, गौरव और सम्पन्नता मिली। किसी ने ठीक ही कहा है कि 'गद्यः निकषः काव्याः' गद्य ही कवि की कसौटी है। बच्चन जी को उनकी आत्मकथा पर मिला 'सरस्वती सम्मान' इलाहाबाद की लाइब्रेरी ने दिए संस्कारशील पठन की फलश्रुति कही जाए तो अत्युक्ति नहीं होगी।

कम उम्र का पठन केवल स्मरण में नहीं रहता, वह हमें बदल भी देता है। हमारा ज्ञान, हमारा व्यवहार, हमारा चिन्तन, हमारी भाषा और हमारा व्यक्तित्व बचपन में किए पठन और विशेषकर अवान्तर पठन से बहुत अधिक प्रभावित होता है। ऐसे पठन के संस्कार हमारे भावी जीवन को आकार देते हैं। जिन बच्चों को पढ़ने की आदत है, उनमें एकाग्रता और अध्ययनशीलता का विकास तय है।

पठन वेग बढ़ाने के लिए

(1) पठन ज्यादा से ज्यादा हो इसके लिए सबसे पहले एकाग्रता भंग करनेवाले कारक दूर करें। उदाहरणार्थ जिस जगह आप पढ़ रहे हों वहाँ शोरगुल व्यर्थ की आवाजाही लगी हो तो पढ़ने में बाधा आएगी।

उसी प्रकार पढ़ते समय मन में कोई अन्देशा या जरूरी काम की याद नहीं होनी चाहिए। पढ़ते समय यह लगे कि फलाँ व्यक्ति आपसे मिलने आनेवाला है, हो सकता है वह पढ़ते समय ही आ जाए या तुम्हें किसी काम से बाज़ार भेजा जानेवाला है या कोई घरेलू काम करवाया जानेवाला है, तो या व्यधान तुम्हारे पठन वेग को तो क्या तुम्हें पढ़ने ही नहीं देगा। तुम दो चार पंक्तियों में ही घंटों गुजार दोगे।

अतः हमें किसी शान्त एकान्त में सभी भावी झंझटों, आशंकाओं और बाधाओं से हटकर पढ़ने में पूरी तरह मग्न होना चाहिए।

(2) पठन वेग के लिए वातावरण और परिसर आरामदायक हो। जब टूटी कुर्सी, मेज़, या बैठने का कष्टपूर्ण आसन हो, बाहरी परिसर किसी झगड़े आन्दोलन या नारेबाज़ी से भरा हो, या उस स्थान पर जीव-जन्तु, कीड़े-मकोड़े और मच्छरों का बाहुल्य हो तो पठन ही सम्भव नहीं होता, पठन वेग वृद्धि की

सम्भावना दूर की बात है।

(3) यहाँ हम पुनः स्मरण कराते हैं कि मौन पठन में शब्दों का उच्चारण तथा वाक्यों का आशयानुसार पठन, भाववाचक चिह्न यथा सम्बोधन, विस्मय, प्रश्नादि के चिह्नों को देखते हुए—ह्रस्व दीर्घ के शुद्ध उच्चारण सहित, आनुनासिक अक्षरों की योग्य ध्वनि सुनते हुए होना चाहिए।

अपने मौन पठन में हमें अपना मुखर पठन ही सुनाई देना चाहिए। अन्यथा पठन ही व्यर्थ सिद्ध होगा।

निम्न अंश शीघ्र पठन की दृष्टि से दिया जा रहा है। अपनी पठन क्षमता की परीक्षा उपरोक्त कसौटियों पर करें।

उदाहरण ईश्वर दर्शन की लालसा के लिए दो महापुरुषों का कथन स्मरणीय है।

विवेकानन्द ने कहा, "स्वामी आप तो परमहंस हैं, आपको ईश्वर के दर्शन हमेशा होते रहते हैं। क्या यह सामान्य व्यक्ति भी ईश्वर को देख सकता है? क्या यह हर किसी के लिए साध्य है, यदि साध्य है तो कैसे?"

परमहंस मुस्कराए। उनके नेत्रों से जैसे एक दिव्य ज्योति प्रखर हो उठी! वे बोले, "आनन्द, ईश्वर दर्शन के लिए असामान्य की कतई आवश्यकता नहीं है। कोई उसके दर्शनों के लिए व्याकुल हो तो करुणामय उसे अवश्य दर्शन देता है।"

साधारण-सी बात है। हम अपने सहोदर, सगे सम्बन्धि, माता-पिता की मृत्यु पर कितने विकल हो जाते है, कितना रोते हैं? वह वियोग असह्य हो जाता है। परन्तु सोचने की बात है, क्या उस ईश्वर के वियोग में, इतनी विकलता तो दूर की बात है, सम्पूर्ण जीवन में हम एक बूँद आँसू भी बहाते हैं? जब लालसा ही तीव्र नहीं है, तो ईश्वर दर्शन हो कैसे?"

कबीर ने भी इसी उत्कट लालसा का चित्र खींचा है।

रग रग तन्त, रबाब तन, बिरह बजावै नित्त
और न कोई सुन सकै, कै साईं कै चित्त!

8

सुलेखन : एक अनिवार्यता

गांधीजी ने कहा है कि गन्दे हस्ताक्षर अपूर्ण शिक्षा का प्रमाण है। उनके स्वयं के हस्ताक्षर सुन्दर तो क्या, सुवाच्य भी नहीं थे। शिक्षा के प्रति गांधी जी के उक्त विचार बहुत महत्त्वपूर्ण हैं। विद्यार्थी को बचपन से ही शिक्षकों को सुवाच्य एवं सुन्दर लेखन का अभ्यास कराना चाहिए। रोज गृहकार्य में विद्यार्थियों को पाठ्य पुस्तक का एक 'पैरा' सुन्दर अक्षरों में लिखने को दिया जाना चाहिए। विद्यार्थियों की कलम, स्याही, कॉपी के कागज और लिखने का तरीका इन सब पर शिक्षक की दृष्टि होनी चाहिए। अच्छे लिखनेवाले छात्रों की प्रशंसा होनी चाहिए। विद्यालय में अच्छे हस्ताक्षर कैसे लिखें जाएँ? इसके लिए किसी विशेषज्ञ या शिक्षक की कक्षाएँ छुट्टी के दिन रखी जानी चाहिए। इसी प्रकार सुलेखन स्पर्धा भी समय-समय पर आयोजित की जानी चाहिए।

हर प्रकार से विद्यार्थी को अच्छे हस्ताक्षर लिखने को प्रोत्साहित किया जाना चाहिए।

गन्दे हस्ताक्षर : उपहास का कारण

गन्दे हस्ताक्षरों से कैसे विकट अनर्थ होते हैं, यह समझना इस कथा का उद्देश्य है।

एक सेठजी का मुनीम गन्दा लिखता था। उसने सेठजी के रिश्तेदारों को पत्र लिखा, 'सेठजी आज मर गए हैं।' बड़ा रोना-पीटना मचा, मगर बाद में पता चला कि मुनीम ने लिखा था, 'सेठ जी अजमेर गए हैं।' यही नहीं कुछेक और चुटकुले भी गन्दे हस्ताक्षरों पर कहे जाते हैं।

एक अपढ़ व्यक्ति ने एक पढ़े-लिखे व्यक्ति को पत्र लिख देने को कहा। उसे अपने बेटे को कोई सुझाव देना था।

मगर पढ़े-लिखे व्यक्ति ने कहा, "मैं पत्र नहीं लिख सकता, मेरे पैरों में दर्द है।"

अपढ़ व्यक्ति ने कहा, "भाई लिखना तो हाथ से है, पैरों से तो नहीं।"

इस पर उस पढ़े-लिखे ने उत्तर दिया, "मेरे लिखे को पढ़ने तो मुझी को जाना पड़ेगा।"

प्रयत्न से सुलेखन सम्भव

अच्छे हस्ताक्षर लिखने का प्रयास कभी भी किया जा सकता है और इसमें सफलता पाई जा सकती है। सुलेख लिखना कुशलता है। अतः प्रयास करने से सदैव सम्भव है। किसी-किसी विद्यार्थी और शिक्षक के हस्ताक्षर मोतियों जैसे होते हैं। उनके अक्षर देखकर मन प्रसन्नता से भर जाता है। यदि हम बहुत सुन्दर नहीं लिख सकें तो कम-से-कम हमारा लिखा सरलता से पढ़ा जा सके, ऐसा होना बहुत जरूरी है।

लेखन से लेखक का अनुमान

लेखन मात्र से लेखक या लिखनेवाले के प्रति अनुमान लगाया जाता है। लेखनकर्त्ता किलना कुशल, परवाहवाला, दूसरों के लिए कितना उदार, तत्पर, न्याय और कानून को माननेवाला है, उसका व्यक्तित्व कैसा है? उसका स्वभाव कैसा होगा? उसका भूत वर्तमान एवं भविष्य कैसा है? इन सबका अनुमान लगाने का दावा भी किया जाता है। हमें इतनी गहराई में विचार नहीं करना है। हमें तो केवल यह देखना है कि हस्ताक्षर सम्भवतः स्पष्ट हो, सुवाच्य हो, सुन्दर हो तो अति उत्तम।

परीक्षा की दृष्टि से सुलेखन

परीक्षा में उत्तर पुस्तिका में सुलेखन अत्यन्त आवश्यक होता है। परीक्षक के सामने परीक्षार्थी का प्रतिनिधित्व उसकी लिखी उत्तर पत्रिका ही करती है। परीक्षार्थी का प्रभाव उसके सुलेखन से बनता है। कुछ परीक्षार्थी परीक्षा में उत्तर पुस्तिका का प्रथम पृष्ठ अच्छे अक्षरों में लिखते हैं किन्तु आगे के पन्नों पर उनके अक्षर बिगड़ते चले जाते हैं। अन्तिम पृष्ठ के अक्षर बहुत खराब होते हैं, अतः परीक्षा में अपने अक्षरों में समानता और ऋजुता का प्रयास रखा जाना चाहिए।

अच्छे हस्ताक्षर लिखते-लिखते पहले यह प्रयास कष्टपूर्ण लगता है, फिर आदत पड़ जाने पर अपने आप निष्प्रयास ही यह सम्भव होता है।

मौखिक साक्षात्कार में परीक्षार्थी स्वयं उपस्थित रहकर अपने हाव-भाव, बोलने के ढंग और व्यक्तित्व से अपने ज्ञान का सिक्का परीक्षक पर जमा सकता है, परन्तु उत्तर पत्रिका के माध्यम से यही कार्य और परिणाम उसके द्वारा लिखे अक्षर, शब्द निहित जानकारी और लिखने के ढंग से सम्पन्न होते हैं।

हाथों का लिखा मशीन से बेहतर है

सुलेखन के लिए छपे अक्षरों को अनुकरणीय माना जाता है। किन्तु यह देखा गया है कि मनुष्य की उंगलियों की कला जीवन्त होती है और कोई निर्जीव मशीन उसकी बराबरी नहीं कर सकती। कुछेक सुन्दर लिखनेवालों के मोती जैसे अक्षर टाइपराइटर से अधिक सुन्दर लगते हैं। सुन्दर लेखन वह सौन्दर्य प्रकम, कला अभिरुचि, ध्येयनिष्ठता

और साधन सम्पन्नता का प्रतीक है। श्रेष्ठ ज्ञान और भाव की अभिव्यक्ति के लिए सुन्दर अक्षर सोने पे सुहागा होता है।

सुन्दर लेखन बिगड़ भी सकता है

मनुष्य की प्रवृत्ति किसी खेत की तरह होती है। खेत को तो ठीक ढंग से हल-बक्खर, निराई-गुड़ाई नहीं की गई तो वहाँ अपने आप घास पात और व्यर्थ के पौधे पैदा हो जाते हैं और असली फसल चौपट होने लगती है। इसी प्रकार यदि हम प्रयत्नपूर्वक अनुकरणीय तथा आदर्श गुणों को नहीं अपनाते तो अपने आप कई दुर्गुण आ जाते हैं और मनुष्य यदि इन दुर्गुणों के प्रति लापरवाह रहने लगा तो उनका पोषण सद्गुणों के बदले में होता है।

लेखन के बाबत कुछ ऐसा ही होता है।

मेरा एक मित्र ठीक-ठीक सुवाच्य अक्षर लिख लेता था। वह चाहता तो अच्छे अक्षर लिखना भी उसके लिए सम्भव हो जाता। परन्तु उसके बहनोई जो पेशे से डॉक्टर थे, जब भी पत्र लिखते एकदम घसीट अक्षरों में लिखा करते। मित्र उन दिनों माध्यमिक पाठशाला का छात्र था। उन्होंने समझ लिया कि बहनोई जी की लेखन शैली, विद्वानों की शैली है अतः वे भी घसीट लिखने लगे। परिणाम बुरा हुआ। एम.ए. की परीक्षा तक उन्हें जो तृतीय श्रेणी बहाल रही उसका कारण यही गन्दी लिखावट थी। बाद में वे इस चूक पर पछताते रहे।

गन्दे और अपठनीय-अवाच्य अक्षरों को परीक्षक पढ़ने के लिए जहमत नहीं उठाते। इधर-उधर पढ़ने का प्रयास करते हुए वे कुछ भी अंक डालकर उत्तर पत्रिका पूरी जाँच लेते हैं। बुरे हस्ताक्षर भला वे पढ़े भी तो क्यों? न यह उनकी ज़िम्मेदारी है, न उन पर परीक्षार्थी का नियन्त्रण है।

अच्छी श्रेणियों में उत्तीर्ण परीक्षार्थियों के हस्ताक्षर सुन्दर न भी हों, तो भी आसानी से पढ़े जानेवाले होते हैं।

अच्छा लेखन क्या है?

महान चिन्तक विनोबा भावे ने लेखन की तीन विशेषताएँ बताई हैं।

विनोबाजी के अनुसार–

(1) लेखन सुवाच्य तथा सुन्दर हो।

(2) वह शुद्ध और व्याकरण सम्मत हो।

(3) वह वेगपूर्वक सम्पन्न हो सके।

सुन्दरता, शुद्धता तथा द्रुतगति लेखन की अनिवार्यताएँ हैं। इनमें से किसी एक गुण की कमी लेखन को व्यर्थ सिद्ध कर देती है।

इसके लिए मुद्रित अक्षरों की नकल प्रतिदिन करो। प्रयत्नपूर्वक सुन्दर अक्षर लिखो। कापी के प्रथम पृष्ठ पर लिखे हस्ताक्षरों को एक माह बाद लिखे पृष्ठों के हस्ताक्षरों

से मिलान करके देखो। आपको अपनी प्रगति पर आश्चर्य होगा।

अच्छे लिखावट लिखने से ऊब नहीं होती बल्कि उल्टे लिखने की रुचि बढ़ती है।

महाराष्ट्र में कहावत है, "दिवसामांझी काही तरी ते लिहावे"। मतलब प्रतिदिन कुछ न कुछ लिखना आवश्यक है। चाहे डायरी लिखो, पत्र लिखो या कोई कविता जो सम्भव हो, लिखो अवश्य। एक शैक्षिक संस्था के अध्यक्ष अक्सर कहा करते थे कि शिक्षक में जो योग्यताएँ होती हैं उनमें एक महत्त्वपूर्ण योग्यता सुलेखन की भी होती है। शिक्षक के हर गुण का छात्रों पर असर पड़ता है। वे अपने गुरु का ही अनुकरण करते हैं यदि शिक्षक के अक्षर गन्दे हों तो वे भी गन्दे अक्षर लिखने लगते हैं। शिक्षकों की नियुक्ति के लिए आए उम्मीदवारों में वे उनकी शैक्षिक योग्यता तो देखते, मगर उनसे लिखवाकर उनके हस्ताक्षर भी देखना न भूलते।

अक्सर उपहास में वे अपनी पाठशाला के एक गन्दे अक्षरवाले शिक्षक का उदाहरण देते। वे शिक्षक दस वर्ष नौकरी में रहकर भी हस्ताक्षर नहीं सुधार पाए थे। संस्था के सचिव ने जब उनसे इस विषय में पूछा तो वे शिक्षक बोले, "जब महात्मा गांधी जैसे लोग अपने हस्ताक्षर आजीवन नहीं सुधार पाए तो मेरी क्या बिसात?"

ऐसे तार्किकों को उनके और गांधीजी के बीच का फर्क बताना अपना समय और अपनी शक्ति दोनों को बर्बाद करना था।

गांधी जी की अगाध गुणवत्ता को छोड़कर उनकी इस कमजोरी को अपनाकर स्वयं को उनकी ओट में छिपाना कितना सही है, वे ही जानें। पता नहीं कितने विद्यार्थियों को उन्होंने अपने अनुकरण से खराब लिखना सिखाया होगा।

अक्षर लिखते समय सीधे, समान आकार और दूरी रखकर लिखे जाएँ। शब्दों का शब्द से अन्तर समान हो। शब्दों के ऊपर की मात्राएँ कुछ कम ऊँची हो। शीर्ष रेखा सब शब्दों पर दी जाए। ह, ड, इ, क्ष और र जैसे अक्षर लिखने का बार-बार प्रयास करो। इनमें एक सा घुमाव होता है। शेष अक्षर थोड़े से प्रयत्न से ही सुधर जाते हैं।

लेखन सामग्री उत्तम होना चाहिए। अच्छा पेन, बढ़िया कागज़, ठीक ऊँचाई की कुर्सी मेज़, सुलेखन के लिए जरूरी है। लिखते समय पेंसिल, स्केचपेन, रबर इत्यादि वस्तुएँ अपनी पहुँच में हो। हाईस्कूल के छात्र कम्पास बॉक्स सदैव साथ रखें। लेखन में नुकीली पेंसिल आकृति बनाने के काम आती है। कम्पास बॉक्स का सारा सामान व्यवस्थित और उत्तम होना चाहिए।

लेखन की शुद्धता और व्याकरण समानता

लेखन में उच्चारण के अनुसार ह्रस्व-दीर्घ मात्राएँ लगाई जानी चाहिए। विराम चिह्नों का यथा अल्प विराम, अर्धविराम तथा पूर्ण विराम का प्रयोग आवश्यकतानुसार हो। सम्बोधन चिह्न, आश्चर्य बोधक चिह्न, प्रश्नार्थक चिह्न, अवतरण चिह्न, योग चिह्नादि का उपयोग ठीक से करें। क्रिया का रूप कर्मणी या कर्त्तरी प्रयोगानुसार हो। मे, में और मैं का फर्क समझो। है और हैं का प्रयोग उच्चारण के अनुरूप हो।

परीक्षा में परीक्षक वर्तनी की गलतियों को जाँचते समय लाल स्याही से काटते चलते हैं। कभी-कभी पूरा उत्तर लाल हो जाता है और उसका प्रतिकूल प्रभाव अंकों पर पड़ता है।

हिन्दी में वर्तनी की गलती हमें बुरी नहीं लगती। इसकी अपेक्षा अँगरेज़ी में यह अज्ञान शर्म की बात मानी जाती है। महाराष्ट्र में दवाई की दुकानों पर 'दवाइयाँ' लिखा मिलता है। हाथी का बहुवचन हाथियाँ करनेवाले भी पाए जाते हैं। पोस्टऑफिस में 'मनीऑर्डरों' की जगह मनिआर्डरस् लिखा होता है।

गलत लेखन सुन्दर लेखन को बिगाड़ देता है। कितने भी सुन्दर अक्षर हों गलत लिखे जाने पर व्यर्थ होते हैं।

लेखन वेगपूर्वक हो

हमारे एक परिचित अध्यापक बहुत सुन्दर लिखते थे, परन्तु उनको लिखने में बहुत देर लगा करती। एक-एक अक्षर अत्यन्त प्रयत्नपूर्वक, सावधानी से और सँभलकर लिखते थे। वे बी.ए. की परीक्षा में कई बार अनुत्तीर्ण हुए। लिखने में गति और वेग न होने से उनका सुन्दर लेखन उन्हें सफलता नहीं दिला सका। यद्यपि वे शुद्ध भी लिखते थे, परन्तु प्रश्नपत्र के तीन प्रश्न ही हल कर पाते थे।

बार-बार प्रयत्नपूर्वक द्रुत लेखन को अपनाओ। कम से कम एक मिनट में चालीस शब्द परीक्षा में लिखने जरूरी होते हैं। यदि इतने शब्द न लिखे जाएँ तो एक मिनट में बीस शब्द लिखने का प्रयास करें।

लेखन की इन विशिष्टताओं को अपनाकर परीक्षा में परीक्षक की पसन्दगी और प्रशंसा के पात्र आप बन सकते हैं। सुन्दर लेखन, लिखनेवाले के व्यक्तित्व का परिचायक होता है, मत भूलो।

अध्ययन से लेकर परीक्षा तक इसका बहुत महत्त्व है। हमेशा पहले पृष्ठ से लेकर अन्तिम पृष्ठ तक हस्तलेखन एक-सा होना चाहिए। थकान के कारण अन्तिम पृष्ठ पर लेखन बिगड़ जाता है, ऐसा न हो।

9

स्मरण शक्ति विकसित करने के तरीके

यद्यपि बुद्धि और उसकी क्षमताएँ जन्मजात होती हैं, तथापि हम अपने प्रयास और योग्य तकनीक से बुद्धि की कार्यकुशलता को आश्चर्यजनक रूप से विकसित कर सकते हैं।

बुद्धि को ईश्वरीय देन समझकर बिना किसी प्रयास के 'अपने को भगवान ने वैसी बुद्धिमता नहीं दी'—यह मानकर निष्क्रिय हो जाना या अपनी कार्यशक्ति की सीमा रेखा खींच लेना यह बहुत बड़ी गलती है। अपनी बौद्धिक योग्यता का अधिकतम उपयोग करना हमारा कर्त्तव्य है। अपनी बौद्धिक शक्तियों को जल्दी से जल्दी पहचान कर अपनी रुचि की विषय में प्रगति करना यदि अभी सम्भव नहीं हुआ हो तो भी अपनी सर्व सामान्य बुद्धिमत्ता से स्वयं को उन्नति के मार्ग पर अग्रसर करना अपना कर्त्तव्य समझो।

स्मरण शक्ति के कारक

स्मरण शक्ति विकसित करने के गुर जानने से पहले स्मरण शक्ति के कारक यानी बुद्धि के कार्यों को समझना जरूरी है।

बुद्धि के कार्य—साधारणतः निम्न सात प्रकार के कार्य बुद्धि द्वारा सम्पन्न होती है। ये सातों कार्य परस्पर सम्बद्ध और आश्रित हैं। फिर विश्लेषणात्मक दृष्टि से बुद्धि को समझने के लिए इनका पृथक्करण जरूरी है। बिना बुद्धि को समझे बुद्धि के महत्त्वपूर्ण कार्य, स्मरण करने के तरीके, ठीक अनुमान और निष्कर्ष नहीं निकाले जा सकते हैं; अतः आओ इस पर प्रकाश डालें।

बुद्धि के प्रमुख कार्य निम्नलिखित हैं।

(1) चिन्तन या सोचना (Thinking)—ईश्वर प्रदत्त सोचने की यह शक्ति बुद्धि के माध्यम से केवल मनुष्य को प्राप्त है। पशु-पक्षी, कीट-पतंग और किसी को भी ऐसी शक्ति प्राप्त नहीं है कि वे चिन्तन द्वारा भूत, भविष्य और वर्तमान के विषयों पर सोचें, या किसी निष्कर्ष पर पहुँचकर अपने अनुभव से कुछ सीखें।

(2) समझना (Understanding)—किसी समस्या प्रश्न या पहेली को समझकर उसे पहचानना या उसके स्वरूप को जान लेना, बुद्धि का द्वितीय कार्य है।

(3) पहचानना (Recognition)—पूर्व परिचय के आधार या अनुभव के किसी वस्तु या कल्पना के भौतिक या सूक्ष्म रूप को पहचानना, तीसरा कार्य है।

(4) सुलझाना (Solving)—किसी प्रश्न का योग्य हल ढूँढ़ना, सुलझाना है।

(5) अनुमान करना (Guessing)—किसी समस्या को सुलझाने के लिए उसकी गम्भीरता, परिणाम और हानि लाभों की व्याख्या इसके अन्तर्गत आती है।

(6) श्रवण करना (Retention)—बुद्धि की धारण शक्ति को अत्यन्त महत्त्वपूर्ण माना गया है। अनुभव, जानकारी और बिम्ब को सँभालकर रखना और व्यवस्था देना, बुद्धि का कार्य है। इस तरह यह बुद्धि गोदाम या संग्रहालय का काम करती है।

(7) स्मरण करना (Recalling)—अपने भंडारगृह या संग्रहालय से आवश्यक जानकारी, समय पड़ने पर, प्रस्तुत करना यह स्मरण शक्ति के तहत बौद्धिक कार्य है। स्मरण करने में जानकारी ही नहीं एक समस्त अनुभव या बिम्ब का गहन चित्रण अपने अनुभव चिह्न (Imprint) के मुताबिक पेश करना स्मरण करने के अन्तर्गत आता है।

स्मरण शक्ति का उपयोग कैसे?

स्मरण शक्ति का उपयोग कैसे हो, उसकी कार्यकुशलता कैसे विकसित की जाए? यह एक तकनीक के अन्तर्गत आता है। विद्यार्थी इसका उपयोग कैसे कर सकता है, इसका उत्तर अनुभव सिद्ध लोग या विशेषज्ञ दे सकते हैं; परन्तु खेद है कि इस रहस्य के जानकार, इसे उद्‌घाटित नहीं करते। अध्ययन का स्मरणशक्ति और अन्य बौद्धिक कार्यों से घनिष्ठ सम्बन्ध है, फिर यह स्पर्धा से सम्बन्ध रखता है इसलिए इसके जानकारों ने इसे केवल स्वयं तक सीमित कर रखा है।

हमारा एक सहपाठी था। वह टेलीफोन के नम्बर, राशियों के नाम, विभिन्न पाठ्‌यांशों के मुद्‌दे, पृष्ठ क्रमांक इत्यादि याद करके हम सब पर अपनी बुद्धि का रोब जमाया करता था। हम उसे ईश्वर कृपा से सम्पन्न मानकर अपनी विपन्नता पर दुखी होते थे। वस्तुतः यह कोई अद्‌भुत शक्ति का कार्य नहीं है। यह स्मरण करने के साधनों से सम्भव होता है। इसी रहस्य की चर्चा हम यहाँ करने जा रहे हैं।

धारण और स्मरण का एकत्र विचार

हम कह चुके हैं कि धारण का अर्थ बुद्धि संग्रहालय में जानकारी को ठीक प्रकार से रखना और स्मरण का अर्थ उसे आवश्यकता पड़ने पर प्रस्तुत करना है। स्मरण तभी होगा जब धारण ठीक होगा। धारण करने के लिए हम कौन से रवैया अपनाएँ कि स्मरण करना सरलता से सम्भव हो? अतः हम यहाँ मनोवैज्ञानिक दृष्टि से स्मरणीयता के साधनों पर प्रकाश डालेंगे।

स्मरणीयता के साधन निम्न हैं।

(1) **रुचिकारकता**–जिन बातों में हमारी रुचि होती है, वे बातें बार-बार न चाहने पर भी याद आती रहती हैं। याद करने का प्रयास मात्र उन्हें शीघ्र प्रस्तुत कर देता है। उदाहरण मेरा एक नौकर मुझसे छाता लेकर बाज़ार जाता था। वर्षा न होने पर अक्सर वह दुकानों पर छाता भूल आता था। इस प्रकार लापरवाही से तीन छाते गुमा चुका था। वह गरीब आदमी होने से मैं उसके वेतन से छाते की कीमत काट नहीं सकता था।

मैंने उससे कहा, "मैं अब तुम्हें अपना छाता नहीं दूँगा। तुम अपना छाता ले जाया करो।" परन्तु उसके पास छाता न था। वह मेरा मुँह ताकने लगा। मैंने अपना एक छाता उसे दिया और कहा, "यह छाता अपना समझो, इसके गुम जाने पर तुम्हें अपना छाता खरीदना पड़ेगा।"

उसे वह छाता देने पर वह छाते का मालिक हो गया था, अब छाते में उसकी रुचि जागृत हो उठी थी। पुनः उससे छाते कभी खोए नहीं। जो विद्यार्थी जिस विषय में रुचि रखता है उस विषय की बातें या जानकारी वह कभी नहीं भूलता। सारी पढ़ाई-लिखाई यदि परीक्षा की दृष्टि से, की गई हो तो भी परीक्षा के बाद विषय से सम्बद्ध बातें उसे हमेशा याद रहती हैं।

मेरे एक मित्र सेवानिवृत्त हैं। आज से पचास वर्ष पूर्व एम.ए. (हिन्दी) किए थे, किन्तु आज भी बिहारी, विद्यापति, रहीम और कबीर के दोहे पदादि दुहराते रहते हैं। रत्नाकर का "उद्धव शतक" उन्हें पूरा याद है। रुचि जागृत होने पर स्मरणशक्ति के अन्य कारक भी क्रियाशील हो उठते हैं।

(2) **नवीन अनुभवों का महत्त्व**–ऐसी बातें जो हमें नवीन लगती हों और जिनका अनुभव प्रथम बार हो या जो महत्त्वपूर्ण लगती हों, भुलाई नहीं जा सकती। विद्यालय या महाविद्यालय का प्रथम दिन। कहीं सैर सपाटे का अनुभव। किसी उत्सव या आयोजन का अनुभव। ये बातें स्मृति में चिरस्थायी होती हैं।

(3) **ज्ञानेन्द्रियों का संश्लिष्ट अनुभव**–जिस जानकारी में हमें अपनी अनेक ज्ञानेन्द्रियों का प्रयोग करना पड़ता है, वह जानकारी स्मरण में शीघ्र आ जाती हैं। इसका कारण ज्ञानेन्द्रियों पर जानकारी का अलग-अलग बिम्ब बनना है। पढ़ने से ऊबनेवाले छात्र, सिनेमा और टी.वी. देखकर बहुत-सी बातें अच्छी तरह याद रखते हैं। प्रेमचन्द की अमरकथा 'कफ़न' कक्षा में पढ़ाने की बजाय, नाट्य रूपान्तरण में छात्रों को विस्मृत नहीं होती। मैंने टी.वी. पर दिखाई 'कफन' कथा का नाट्यरूपान्तरण, बाद में प्रत्यक्ष कक्षा में पढ़ाकर, छात्रों में उसका प्रभाव और उसकी समझ, साथ ही स्मरण भी, बेहतर पाए हैं। वैसे कथा का मनोवैज्ञानिक सत्य, लेखक का उद्देश्य, पात्रों का चरित्र-चित्रण, कथा की समीक्षादि समझाने के लिए कक्षा में पढ़ाना जरूरी

होता है। फिर भी आँखों से देखना, पढ़ना और कानों से सुनना, हमारी रुचि और ज्ञानेन्द्रियों को सजग कर देते हैं।

नर्सरी या प्राथमिक पाठशाला के छोटे-छोटे बच्चों को नाच-गाकर हाव-भाव सहित अनेकों कविताएँ याद कराई जाती हैं। यदि उन्हें एक जगह बिठाकर याद करने को कहा जाए तो वे रोने लगेंगे या फिर फौरन सो जाएँगे। बड़ी उम्र में ये ही लक्षण, स्मृति के विषय में कुछ फेरबदल से आ ही जाते हैं।

किसी जानकारी को सरलता से स्मरण किया जा सकता है यदि हमें उसे स्मरणार्थ धारण करते समय अनेक इन्द्रियों का प्रयोग करते हैं। जब हम उस जानकारी को किसी चित्र या आकृति में आँखों से देखें जिह्वा से बोलें, कानों से सुनें सम्भव हो तो स्पर्श भी करें या सूँघे तो वह कभी नहीं भूलती।

पंचेन्द्रियों से उनके अनुभवों द्वारा किसी जानकारी को चिरकाल तक धारण किया जा सकता है।

मैं अपनी कथा सुनाता हूँ। हम प्राथमिक विद्यालय में पढ़ते थे। उन दिनों जबलपुर के मिश्र बन्धु कार्यालय की पाठ्य पुस्तक, हिन्दी की पहली पुस्तक, पढ़ाई जाती थी। नई किताब के पृष्ठों में एक गन्ध आती रहती थी। सम्भवतः यह ज़िल्द की लेई, कागज़ और छापेखाने की स्याही की होगी, मगर हमने अपने बीच अन्य छात्रों को पुस्तक सूँघते पाया और सूँघने लगे। पुस्तक के दिए चित्र और पाठ्य सामग्री इस गन्ध से मिलकर अभी तक विस्मृत नहीं हुई है।

(4) **बार-बार स्मरण**–किसी जानकारी को बार-बार स्मरण करने से वह याद हो जाती है। बार-बार दुहराना भी कभी-कभी जरूरी है। "करत-करत अभ्यास के जड़मति होत सुजान, रस्सी आवत जात ते सिल पर परत निसान", ''घुटन्त विद्या, खुदन्त पानी'' का पारम्परिक मुहावरा यही लक्ष्य करके प्रचलित हुआ है। कुछेक जानकारियाँ यथा परिभाषाएँ, उद्धरण, आँकड़े और विशिष्ट मुद्दे इसी विधा द्वारा कंठस्थ कर लिए जाते हैं। फिर भी यह विस्मृत न हो कि "घोटो मगर समझा भी करो" का मुहावरा समझदारों ने ही प्रयोग किया है। एक बहुत होशियार विद्यार्थी ने कहा था कि मैं उद्धरणों को कभी-कभी भूल जाता हूँ, मगर यदि वे गद्य में हैं तो उनके आशय को समझकर उद्धरण के लेखक या विचारक की भाषा में ही लिख दिया करता हूँ। किन्तु कविता के उद्धरण बिना कंठस्थ किए नहीं दिए जा सकते। इस प्रकार के तोता रटन्त से बहुत-सी बातें याद आ जाती हैं।

अध्ययन में इसका भी उपयोग होता है। गीता, कुरआन शरीफ, रामचरितमानस का सुन्दरकांड याद रखनेवाले पंडित और हाफ़िज़ आज भी विद्यमान हैं। पुरातन युग में, एक से लेकर चार वेद याद रखनेवाले ब्राह्मण ही वेदी से द्विवेदी, त्रिवेदी और चतुर्वेदी कहलाते थे।

'रटन्त'–आवश्यक है मगर हर जगह इसका उपयोग काफी श्रमसाध्य और उबाऊ होता है।

(5) **व्यवस्था का प्रयोग**–स्मरणीय जानकारी को उचित रूप में व्यवस्थित करना और फिर स्मरणार्थ धारण करना सरल होता है। अव्यवस्थित इधर-उधर की बातें स्मरण करना कठिन होता है। टेलीफोन का नम्बर यदि 23456 हो तो याद रखना कठिन नहीं होता है परन्तु यदि वह 39105 हो तो याद नहीं होता। 23456 क्रमवाले अंक से बनी संख्या है मगर 39105 में कोई क्रमागत व्यवस्था नहीं है।

हम अब इसे स्मरणार्थ एक व्यवस्था दे रहे हैं जो स्मरण कुशलता को कारगर करेगी यथा–

संख्या 37105 के स्मरणार्थ 3 और 7 को जोड़ो, फिर इस जोड़ का आधा करो अर्थात् 37,10,5 यह संख्या होगी।

अब याद रहेगा।

अपने घर में किसी 3-4 वर्ष के बालक की स्मरण शक्ति की परीक्षा लेकर देखो। कमरे में रखी वस्तुओं व्यवस्थानुसार नाम लेकर कहो यथा "टी.वी., मेज, कुर्सी, सोफा, पलंग, बिस्तर, तकिया, टेलीफोन, तस्वीर, बल्ब-ट्यूब लाइट, आलमारी, किताबें, कॉपी, कमल, टेबल-लैंप, पंखा, कैलेंडर, जूता-चप्पल आदि"–वह इन सारी वस्तुओं को याद करके बता देगा। किन्तु कमरे के बाहरी कोई बीस वस्तुओं के नाम बताकर पूछने पर मुश्किल से बारह या तेरह वस्तुओं के नाम ही बता पाएगा। व्यवस्था से यह सम्भव हुआ, अव्यवस्था से नहीं हुआ।

यहाँ उसने विभिन्न इन्द्रियों का प्रयोग भी नहीं किया है, अन्यथा बता सकता था। कमरे के बाहर की वस्तुओं को व्यवस्था तो वह दे ही नहीं सका है।

(6) **संक्षिप्तीकरण**–किसी बृहद जानकारी को संक्षिप्त रूप देकर याद रखना भी सरल होता है। उक्त संख्या 37105 को "तीन सौ एकहत्तर, शून्य पाँच"–बार-बार कहकर याद रखा जा सकता है। जानकारी को मुद्दों में याद रखकर फिर विवरण देना भी संक्षिप्तीकरण है।

(7) **सान्निध्यता या कड़ी बन्ध का प्रयोग**–धारण और स्मरणार्थ सान्निध्यता या कड़ी बन्ध का प्रयोग बहुत असरदार होता है। स्मरणशक्ति की कुशलता विकसित करने के उदाहरण सान्निध्यता या कड़ी बन्ध से दिए जा सकते हैं। ये उदाहरण बड़े ही विचित्र और आश्चर्यजनक लगते हैं परन्तु स्मृति की कुशलता विकसित करने में सान्निध्यता का प्रयोग बहुत महत्त्व रखता है।

सान्निध्यता का सरल उदाहरण–छाता और वर्षा का सान्निध्य है। वर्षा में छाता लेकर बाज़ार गए थे। वर्षा बन्द हुई। दुकान से सामान तो ले आए मगर छाता भूल गए।

रास्ते में फिर वर्षा आई तो छाता याद आ गया। यही सान्निध्यता का सरल उदाहरण है। किसी जानकारी को अन्य जानकारी से जोड़कर याद रखना सरल होता है। परीक्षा की दृष्टि से याद रखने के लिए मुद्दों को स्मरण करना पड़ता है। इन मुद्दों को सान्निध्य द्वारा स्मरण कर सकते हैं।

अक्सर बाजार से सौदा खरीदकर आने पर बाकी रुपए अलमारी में रखने की जहमत उठाने की हमारी इच्छा नहीं होती। मोटर साइकिल की चाबी भी ड्रॉवर में रख देते हैं।

बाद में हमें किताबों की अलमारी में किस किताब में रुपए रखे हैं, और मोटर साइकिल की चाबी कहाँ रखी है, याद नहीं रहता।

इसलिए सान्निध्य का प्रयोग करें।

किताब में नोट रखते समय किताब का नाम ध्यान रखें—वह किताब खुशवन्त सिंह का 'दिल्ली' उपन्यास है। चाबी भी टी.वी. की मेज़ की ड्रॉवर में रखी है। अब दो चार दिन में ये सब भूलने की बातें हैं। अतः सान्निध्य या कड़ीबन्ध का उपयोग करें। कड़ी बन्ध मूर्खतापूर्ण हो या अक्लमन्दी से भरा, परवाह न करो। यह आपको याद दिलाने का बढ़िया माध्यम बने, यह याद रखें।

उदाहरणार्थ—नोट पर दिल्ली के रिजर्व बैंक के गवर्नर के हस्ताक्षर हैं इसलिए 'दिल्ली' उपन्यास में रखे हैं और मोटर साइकिल कूदकर टी.वी. की मेज़ पर चढ़ी है और ड्रॉवर में घुस गई है।

यदि इससे बढ़कर कोई हास्यास्पद-मूर्खतापूर्ण कथा बने तो बना लो, अब सान्निध्य के माध्यम से दो माह बाद में भी इन दो वस्तुओं का विस्मरण नहीं होगा।

सान्निध्य या कड़ीबन्ध से स्मरण शक्ति कैसे चमत्कार दिखा सकती है इसका प्रत्यक्ष उदाहरण हम यहाँ दे रहे हैं। समझों हमें राशियाँ याद रखनी हैं। राशियों को स्मरण रखना टेढ़ी खीर है, क्योंकि वे कुल बारह हैं। इनमें न हमारी रुचि है, न हम उन्हें कंठस्थ करना चाहते हैं। इन राशियों को कंठस्थ करने के लिए बहुत समय और श्रम लग सकता है। शायद एक घंटा भी कम पड़े। हम अब तीन मिनिटों में इन्हें तुम्हें याद कराते हैं। बुद्धि की कुशलता का यह चमत्कार देखो—

पहले राशियों के नाम लिख लो—कन्या, कुम्भ, वृश्चिक, मेष, वृषभ, तुला, धनु, सिंह मीन, मकर, कर्क, मिथुन।

इन्हें समानार्थी शब्दों से समझो।

यथा—कुम्भ माने घड़ा, वृश्चिक माने बिच्छू, मेष माने भेड़, वृषभ माने बैल, तुला माने तराजू, धनु माने धनुष, मीन माने मछली, मकर माने घड़ियाल, कर्क माने केकड़ा और मिथुन माने समागम।

अब एक कथा बनाओ। समझो वह कथा निम्न है जैसे—घर में एक कन्या कुम्भ उठाने गई, मगर उसके नीचे वृश्चिक था। अच्छा हुआ जो उसने काटा नहीं। पानी लाने के लिए वह नदी पर जा रही थी। रास्ते में उसे मेष और वृषभ खड़े मिले। सामने दुकान में बनिया तुला लेकर बैठा था। एक क्षत्रिय धनुष लेकर सिंह के शिकार के लिए जा रहा था। वह नदी पर पहुँची, पानी में मीन और कर्क दिखे। वह डरी कहीं मकर तो आसपास नहीं है? वह घर लौटी सामने वृक्ष की डाली पर मिथुन रत गौरेया का जोड़ा दिख रहा था। कहानी अपने अनुसार बना लो। अब तुम्हारी बनाई कथा तुम्हें याद है।

मन ही मन बोलकर बारह राशियों को अपनी उँगली के पोरों पर गिन लो। किसी से बारह राशियाँ बतानी हो तो मन में कहानी दुहराओ और प्रकट में केवल राशियों के नाम बताते चलो।

यह सब अल्प समय में बिना किसी कष्ट के नाम याद रखने का सरल तरीका है। अध्ययन में जरूरी बातें संक्षिप्त मुद्दों में याद रखी जाती हैं। इसी तरीके से बीस पच्चीस मुद्दे याद रह सकते हैं।

स्मरण शक्ति की कुशलता इस प्रकार विकसित करके अध्ययन में इस तन्त्र को अपना सकते हैं।

(8) **आद्य अक्षरों से सूत्र बनाना**–याद रखने के और भी तरीके हैं। हम यहाँ उन्हें बता रहे हैं। समझों हमें एक किरण के सात रंगों में विभक्त होनेवाले रंग पट्ट (Spectrum) को स्मरण करना है अँगरेजी भाषा में, ये सात रंग क्रमशः रेड (लाल), औरेंज (नारंगी), यलो (पीला), ग्रीन (हरा), ब्ल्यू (नीला), इंडिगो (नील), व्हायोलेट (बैंगनी) ये हैं। इन्हें क्रम से स्मरण करना कठिन है। इनको स्मरण करने की सरल तकनीक इनके आद्य अक्षरों को सार्थक शब्द या वाक्य बनाना है। सभी रंगों को याद रखने में आधा घंटा लगेगा, अब दो-चार सेकेंड में इन्हें याद करो–"रॉय जी बीव्ह" (Roy G Biv) इस काल्पनिक मनुष्य के नाम को याद करो। आर से रेड, ओ से ओरेंज इत्यादि याद आ जाएगा।

इस प्रकार अपने किस्से या फार्मूले गढ़े जा सकते हैं। जो तुम्हें ठीक लगे, गढ़ो। तुम्हारे गढ़े फार्मूले तुम्हें ठीक याद रहेंगे। आद्य अक्षरों से ही निबन्धात्मक प्रश्नों के लम्बे उत्तर लिखे जा सकते हैं। मुझे स्मरण करके फिर विवरण स्मरण करना बहुत सरल होता है। बहुत से विद्यार्थी परीक्षा कक्ष में पहुँचकर प्रश्नपत्र मिलने से पूर्व मिली उत्तर पत्रिकाओं के आखिरी पन्ने पर ऐसे सूत्र पेंसिल से लिख लेते हैं कि कहीं विस्मरण न हो। "प्रश्न पत्र कैसे हल करें?" के अन्तर्गत विस्तारपूर्वक अगले अध्याय में बताया गया है।

जो आद्य अक्षरों से सूत्र बने वे भले ही बेसिरपैर के और मूर्खतापूर्ण लगें लेकिन वे केवल तुमको स्मरण करने के लिए हैं। जितना अधिक मूर्खतापूर्ण यह सूत्र बनेगा उतना ही याद करने में सहूलियत होगी। यदि तर्कपूर्ण अच्छी कथा बना सको तो क्या कहने? जैसे भी स्मरण रख सूत्र या कथा गढ़ो।

हिन्दी पिंगल शास्त्र में वर्णिक छन्दों में मात्राओं की संख्या और क्रम समान रखना होता है। यह हिसाब छन्द के चरणों से सम्बद्ध होता है। इसके लिए तीन मात्राओं के समूह यानी गणों का उपयोग करते हैं। उसका सूत्र–'यमातराजभान सलगा' है। इस सूत्र का कोई अर्थ नहीं होता लेकिन अर्थहीन होकर भी यह व्यर्थ नहीं है।

हिन्दी साहित्य के छात्र इन गणों को इसी सूत्र से गिनकर मात्राओं का क्रम ज्ञात करते हैं, अन्यथा प्रत्येक गण और उसकी मात्रा को कंठस्थ करना बहुत कठिन बात है। गण कुल आठ हैं और उनकी मात्राओं का क्रम अलग-अलग स्मरण करना मुश्किल

है। तात्पर्य ऐसे सूत्र सदैव स्मरण की सहूलियत के लिए व्यवहृत होते हैं फार्मूला, सूत्र कथा इत्यादि अपने ढंग से गढ़ो। मुद्दों को स्पष्ट रूप से स्मरण करना तुम्हारा काम है।

(9) **तुकबन्दी का प्रयोग**–स्मरण करने के लिए तुकबन्दी का प्रयोग भी होता आया है। लम्बे-लम्बे विवरण आवश्यकतानुसार तुकबन्दी से स्मरण किए जा सकते हैं।

मैंने बी.एड् के छात्रों को आधुनिक शिक्षा पद्धति एवं निबन्धात्मक परीक्षा पद्धति के दोष स्मरण करने के लिए जो तुकबन्दी लिखकर दी वह लगभग एक प्रश्न का तीन पृष्ठों का उत्तर समाहित किए हुए है। संक्षेप में पहले वह उत्तर लिखना आवश्यक है, तत्पश्चात् वह संक्षिप्त तुकबन्दी।

प्रश्न–आधुनिक शिक्षापद्धति के दोषों को सोदाहरण लिखो।

उत्तर–आधुनिक शिक्षापद्धति के दोष निम्नानुसार हैं।

(1) आधुनिक शिक्षापद्धति में काफी सुधार अपेक्षित हैं। शिक्षा पद्धति में सबसे बड़ा दोष यही है कि यह परीक्षोन्मुख है। परीक्षा भी निबन्धात्मक है वस्तुनिष्ठ बहुत कम है। समय सारिणी में कुछ विषय जो बहुत महत्त्वपूर्ण होते हैं उन्हें पाठ्यक्रम में अनिवार्य बताया गया है, परन्तु उनकी परीक्षा नहीं होती। दैनंदिन प्रयोग के हिसाब से अंक दे दिए जाते हैं। इसका परिणाम ये है कि उन विषयों को उपेक्षित माना जाता है। वर्ष-भर में दो-चार तासिकाएँ ली जाती हैं, बस रेकार्ड बनाना ही उद्देश्य होता है।

(2) इस शिक्षा में सबसे बड़ा दोष यह है कि अन्तिम परीक्षा पास होने पर ही विद्यार्थी किसी धन्धे के योग्य माना जाता है। उदाहरण, मैट्रिक पास विद्यार्थी कहीं क्लर्क या अफसर बन सकता है। फेल विद्यार्थी कहीं का नहीं रहता क्योंकि उसे व्यवसाय या धन्धे की शिक्षा दी नहीं जाती। वह अकुशल श्रमिक की तरह हो जाता है।

(3) शिक्षा का उद्देश्य विद्यार्थी का सर्वांगीण विकास करना है। उसमें विवेक जगाना है। विवेक के लिए ज्ञान जरूरी है। किन्तु आज शिक्षा में केवल जानकारियाँ ही दी जाती हैं। ज्ञान उस जानकारी को कहते हैं जो आलसी होकर व्यवहृत हो।

(4) आज की शिक्षा प्रयोगशून्य है। प्रयोग के बिना कुशलता नहीं आती। क्या कोई साइकिल चलाना, तैरना, भोजन पकाना खेलकूद इत्यादि पुस्तक पढ़कर सीख सकता है? कदापि नहीं।

इसीलिए अंग्रेजी लिख सकनेवाला छात्र इस भाषा को बोलना नहीं जानता। भाषा बोलना एक कुशलता है। पुस्तक पढ़कर केवल लिखना सम्भव है। इसी प्रकार (होम साइंस अर्थात् गृह विज्ञान की एम.ए. छात्रा भोजन पकाना नहीं जानती।)

(5) परीक्षा पद्धति जो इस शिक्षापद्धति का अन्तिम ध्येय है दोषपूर्ण है। तीन घंटों में विद्यार्थी की वर्ष भर की मेहनत को माप लिया जाता है। उसने अध्ययन से क्या सीखा है कि बजाय क्या नहीं सीखा है, इसकी परीक्षा ली जाती है।

(6) अनुभवी अध्यापक एवं छात्र प्रश्नपत्र के प्रश्नों को भाँप लेते हैं और नकलें मुहैय्या की जाती हैं।

(7) प्रश्नपत्र के समस्त प्रश्नों के कुल अंक सौ होने पर केवल एक तिहाई अर्थात् तैंतीस अंक पाने मात्र से विद्यार्थी उत्तीर्ण घोषित होता है। क्या शेष सड़सठ अंकों के प्रश्नों का कोई महत्त्व नहीं होता?

(8) एक अंक कम मिलने से विद्यार्थी अनुत्तीर्ण घोषित होता है या उसकी श्रेणी बिगड़ जाती है। क्या परीक्षक के पास निबन्धात्मक उत्तर गिनने के लिए कोई बाँट तराजू होते हैं? फिर सभी परीक्षक क्या कम-अधिक अंक नहीं दे सकते? एक ही उत्तर चार परीक्षकों द्वारा जाँचने पर सबने दिए अंकों को मिलान करके देखने पर उनमें कोई समानता नहीं दिखती।

(9) बुद्धि के कई कारक और अनेक क्षमताएँ होते हुए भी परीक्षा में केवल स्मरण शक्ति की ही परीक्षा ली जाती है। छात्र की अन्य क्षमताएँ आँकी नहीं जातीं।

(10) केवल पुस्तकीय ज्ञान की ही परीक्षा ली जाती है। किताबी कीड़ों की ही प्रशंसा होती है। विद्यार्थी ने जो अन्य योग्यताएँ हासिल की हैं यथा खेलना, संगठन करना, भाषण देना, अभिनय करना, नेतृत्व करना इत्यादि इन गुणों और विशेषताओं का कोई मूल्यांकन नहीं होता।

इस प्रकार हमारी शिक्षापद्धति दोषपूर्ण है, निःसंशय।

इस प्रकार अतिसंक्षेप में बताए ये दोष विस्तृत किए जा सकते हैं। इन्हें मुद्दों में (विशिष्ट तथ्यों को एक-एक शब्द में) लिखकर पिछले सूत्रानुसार लिखा जा सकता है या फिर निम्न तुकबन्दी से स्मरण किया जा सकता है। यदि तुकबन्दी याद न हो तो इसकी प्रत्येक पंक्ति में जो चित्र या बिम्ब अंकित किया जा रहा है वही कल्पना से देखकर सम्पूर्ण दोष लिखे जा सकते हैं।

तुकबन्दी :

क्या खूब हमारी शिक्षा!
पास हुए तो कलम चलाओ, फेल हुए तो रिक्शा!
यहाँ विषय बेकार वह जिसकी होती नहीं परीक्षा!
यहाँ ज्ञान के मालिक खुश हैं जानकारियाँ देकर—

होम साइंस की एम.ए. पकाती भुरता पुस्तक लेकर;
घंटे तीन परीक्षा के, एक वर्ष नाप लेते हैं—
यार लोग बिन पढ़े परीक्षा पत्र भाँप लेते हैं,
एक तिहाई नम्बर लेकर पास हुआ जाता है,

एक नम्बर से डिविजन सत्यानाश हुआ जाता है,
एक मात्र स्मरणशक्ति को यहाँ तौलते हैं सब,
पुस्तक के कीड़ों की जय जयकार बोलते हैं सब,
सदा परीक्षक की इच्छा से मिलती नम्बर भिक्षा,
क्या खूब हमारी शिक्षा!

इस प्रकार यदि देखा जाए तो स्मरण शक्ति की कुशलता विकसित करने के दस तरीके हैं। विद्यार्थी विषय, समय और रुचि के अनुसार उनका यथायोग्य प्रयोग कर सकता है।

पुनःस्मरणार्थ, यथा–(1) रुचिकारकता, (2) नवीन अनुभवों की तरह महत्त्व देना, (3) अधिक ज्ञानेन्द्रियों का उपयोग (4) बार-बार का प्रयोग, (5) व्यवस्था प्रदान करना, (6) संक्षिप्तीकरण, (7) सान्निध्यता या कड़ीबन्ध का उपयोग, (8) मुद्दों के आद्याक्षरों से सूत्र निर्माण करना, (9) तुकबन्दी का प्रयोग।

10

हम क्यों भूलते हैं?

(1) किसी अधिक महत्त्वपूर्ण वस्तु, सामग्री या जानकारी के कारण हम कम महत्त्वपूर्ण को विस्मृत कर जाते हैं।

उदाहरण—बैंक से कर्ज लेना है। वहाँ कुछ लोग और भी इसी उद्‍देश्य से एकत्र हैं। हम अपना फार्म भर देते हैं। सम्बन्धित अधिकारी को दे देते हैं। उसी समय एक व्यक्ति हमसे हमारा 'पेन' लिखने को माँगता है। हम दे देते हैं। हम इस चिन्ता में हैं कि कर्ज मंजूर होता है या नहीं? कर्ज मंजूरी की सूचना मिलती है। ब्याज की दर भी कम लगाई गई है। रकम हमारे खाते में जमा कर दी गई हैं। हम खुशी से घर आ जाते हैं। इस खुशी में 'पेन' वापिस लेना भूल जाते हैं।

(2) पूर्वज्ञान का न होना भी भूलने का कारण है—प्रत्येक अनुभव अपने सन्दर्भ से जुड़कर स्मृति में तरोताज़ा रहता है अन्यथा भूलने का कारण बन जाता है।

उदाहरण—यदि किसी व्यक्ति ने अँगरेजी पढ़ी ही नहीं है और उसे हम एक छोटा सा अँगरेजी का वाक्य याद करने को दें, तो वह उस वाक्य को याद ही नहीं कर पाएगा और यदि याद कर भी ले तो शीघ्र भूल जाएगा। इसके विपरीत जिसने अँगरेजी पढ़ी है, वह यह वाक्य आसानी से याद रखेगा और भूलेगा भी नहीं।

(3) लापरवाही भी भूलने का कारण होती है। जिस बात को हम बार-बार दोहराने से परहेज़ करते हैं या दुहराना नहीं चाहते इसलिए भी कि वह दुखद है तो स्पष्ट है कि हम उस बात के प्रति लापरवाह रहना चाहते हैं। भूलने की इच्छा भी भूलना सरल बना देती है।

उदाहरण—हमारे एक दूर के रिश्तेदार का निधन हो जाता है। हमें पता है मगर बहुत जल्दी हम पूछते हैं, वे कैसे हैं?

(4) किसी जानकारी से ऊबना भूलने की आम वजह होती है। गणित इस विषय के एक शिक्षक विद्यार्थी मात्र से घृणा करते हैं। वे अध्यापन करते समय ऐसा बर्ताव करते हैं, मानो वे उन विद्यार्थियों को महामूर्ख या शिक्षा के योग्य ही नहीं समझते।उनका उपेक्षापूर्ण व्यवहार, अपमानित करनेवाली चेष्टाएँ ऊब

पैदा करती हैं। उनका पढ़ाया भी याद नहीं होता। न स्मरण ही रहता है। न हम वह याद करना चाहते हैं।

(5) *अध्ययन की नियमित आदत न होना भी भूलने का कारण बनती है। रोज पढ़ाई हुई सामग्री या पाठ्यांश को पढ़ना, जो कक्षा में पढ़ाया जा रहा है उसे पढ़कर जाना, रोज़ समय पर अध्ययन करने बैठना भूलने नहीं देता, अन्यथा कुछ भी याद नहीं रहता।*

(6) *जब हम अपने उपार्जित ज्ञान का उपयोग नहीं करते तब भी वह भूलने का कारण बनता है।*

उदाहरणार्थ—हमें बीजगणित में "गुणोत्तर श्रेणी" पढ़ाई गई है जिसका व्यवहार में कहीं उपयोग नहीं होता, हम उसे भूल जाते हैं।

कबीर और रहीम के दोहे दैनिक व्यवहार के काम के हैं अतः याद रहते हैं। कभी हमने कक्षा में 'प्राणवायु' बनाने का तरीका देखा था चार पाँच महीनों बाद भूल गए।

एक बार ए.टी.एम. कार्ड लेकर बैंक से रुपया निकाला था। चार माह बाद भूल गए हैं कि कार्ड कैसे खाँचे में डाला था और क्या किया था?

(7) *यदि हमने अध्ययन का समय तय नहीं किया है और अब जल्दी में पाठ्यक्रम पूरा करना है। हम अध्ययन में पिल पड़ते हैं। रात में ठीक से नींद नहीं लेते। थकन में भी अध्ययन करते हैं। ऐसा अध्ययन व्यर्थ जाता है। स्मरण नहीं रहता।*

(8) *अध्ययन को कठोर श्रम से जोड़ना भी विस्मरण का कारण है। सम्भवतः अध्ययन सरलता और कुशलतापूर्वक होना चाहिए ताकि वह ठीक से स्मरण हो सके। साथ ही बुद्धि की कुशलता का उपयोजन करने के जो तरीके* सम्बन्धित अध्याय में बताए गए हैं उन पर भी ध्यान देना आवश्यक है।

संक्षेप में उपरोक्त भूलने के कारणों को दूर करने के लिए हमें सदैव सजग और सावधान रहना चाहिए।

11

कक्षा में टिप्पणियाँ कैसे लिखें?

कक्षा में विद्यार्थी को जो पढ़ाया जाता है उसका उद्देश्य पद्यांश समझाना, उसे समझ रहा है या नहीं। इसकी परीक्षा करते चलना और आवश्यक टिप्पणियाँ देना है।

कक्षा यदि निचली कक्षा (प्राथमिक या माध्यमिक) की हो तो अध्यापक टिप्पणियाँ, उनका महत्त्व समझकर स्वयं लिख लेते हैं।

विद्यार्थी को कक्षा में टिप्पणियाँ लेते समय (सीखते समय) सदैव सावधान रहना चाहिए। इसके लिए आवश्यक है कि निम्न बातों का ध्यान रखा जाए।

कक्षा में निश्चित समय पर उपस्थित हों

विद्यार्थी को ठीक समय पर कक्षा में उपस्थित रहना चाहिए। नियमितता और समय पर पहुँचना जीवन-भर बतौर आदत सफलता के लिए आवश्यक है। यह जीवन में अनुशासन लाता है। अध्ययन की सफलता भी प्राथमिक तौर पर इस नियमबद्धता पर आधारित है। समय के अनुशासन से बँधा व्यक्ति, न समय से पहले पहुँचता है न समय के बाद। इस प्रकार वह समय का कुशलतापूर्वक उपयोग करता है।

देर से पहुँचना बुरा माना जाता है। यह हमें अपराधबोध से ग्रस्त कर देता है। देर से आनेवाले के लिए तभी रुका जाता है यदि वह ओहदे और अधिकार में बड़ा हो। कक्षा में देर से आनेवाले विद्यार्थी के लिए कोई नहीं रुकता। इस प्रकार विलम्ब से पहुँचने वाले विद्यार्थी पढ़ाई से वंचित रह जाते हैं। अधिक बार ऐसा होना विद्यार्थी की लापरवाही और अरुचि प्रकट करता है।

अतः कक्षा में पहुँचने में विलम्ब कभी न हो।

कक्षा में सामने की बैठक पर जगह लें

साधारणतः सामने की सीट पर आसनस्थ छात्रों को पढ़ाई के प्रति सजग, फ़िक्रमन्द और अध्यापकों से जुड़ाव रखनेवाला माना जाता है। इसके विपरीत पीछे बैठनेवाले पढ़ाई की बजाय दूसरे कार्यों में अधिक लिप्त माने जाते हैं। वे स्वतन्त्रतापूर्वक इधर-उधर देखने, परस्पर चिट्ठी-पत्री देने, कक्षा के बाद वाले कार्यक्रमों की योजना बनाने में व्यस्त माने

जाते हैं। समय पड़ने पर वे दरवाजे से चुपचाप निकल भी जाते हैं। उन्हें कक्षा में नियमानुसार केवल उपस्थिति दर्ज कराने की रुचि होती है। अध्ययन तो वे घर में कर लेते हैं। ऐसे विद्यार्थी कक्षा में न टिप्पणी लेते हैं, न समझते हैं और न घर से आगामी पाठ्यक्रम पढ़कर आते हैं।

जो छात्र सामने बैठते हैं, अध्यापक उन्हीं को पढ़ाई में रुचि लेनेवाले समझते हैं और उन्हीं को सम्बोधित भी करते हैं। सामने की सीटवाले छात्रों की एकाग्रता भंग नहीं होती। घर से अगला पाठ्यांश पढ़कर आने के कारण वे कक्षा में अध्यापक के साथ चलते हैं। कठिन अंश पर पूछताछ करते हैं। टिप्पणियाँ लिखते हैं। इस प्रकार अध्यापक का उनके अध्ययन को सरल-कुशल बनाने में बहुत बड़ा उपयोग होता है। पीछे बैठनेवाले की तरह अध्यापक उनकी उपेक्षा नहीं कर सकते, न वे अध्यापकों की उपेक्षा कर पाते हैं। अध्यापकों की आवाज़ सामने बैठनेवाले ठीक से सुन पाते हैं और प्रश्नोत्तर भी उन्हीं से होता है।

सामने बैठनेवालों को देखकर ही अध्यापक अनुमान लगाते हैं कि उनके अध्यापन की प्रतिक्रिया छात्रों पर क्या हो रही है। हमेशा एक निर्देश पर ध्यान रखें—कक्षा में जो सामने बैठता है वह सब छात्रों के सामने ही रहा करता है। सामने बैठनेवाले हमेशा होशियार और अच्छे छात्र होते हैं। शिक्षा संस्थान का सही उपयोग इनके लिए ही होता है।

सहपाठियों से सहकार करो

पीछे बैठनेवाले आपस में फुसफुसाकर, कागज पर कार्टून बनाकर या कक्षा के बाहर के कार्यक्रम बनाकर पढ़ाई के समय को बर्बाद करके ऊब और परेशानी से किसी तरह पूरा करते हैं। वह समय का कोई सही उपयोग नहीं कर पाते। यह अत्यन्त दुखद स्थिति है।

अध्यापक के निर्देश समझकर लिखें

अध्यापक अनुभवी व्यक्ति होते हैं। वे पाठ्यांश पर कई सन्दर्भ ग्रन्थ पढ़कर आते हैं। छात्र साधारणतः पाठ्य पुस्तक ही पढ़ पाता है। अतः अध्यापन में आवश्यक टिप्पणियाँ लिखना जरूरी होता है। जब अध्यापक पढ़ाते समय 'सर्वप्रथम' 'महत्त्वपूर्ण बात' 'इसीलिए' 'सारांश' या 'तात्पर्य' जैसे शब्दों का प्रयोग करे तो बहुत जरूरी बात कह रहे होते हैं। अतः ये टिप्पणियाँ शीघ्र उतार लेनी चाहिए। अध्यापक क्या लिखवाना चाहते हैं, छात्र को यह हमेशा के अनुभव से समझ लेना चाहिए।

सही टिप्पणियाँ लिखने की तैयारी

सही टिप्पणियाँ शीघ्र और कुशलतापूर्वक लेने के लिए छात्र को घर से अपेक्षित पाठ्यांश पढ़कर तैयार होकर आना चाहिए। घर पर जो प्रश्न, वाक्य, कठिन शब्द या कोई ऐसी

बात जो समझ के परे हो कक्षा में पूछी जा सकती है। ऐसे में कक्षा में पुनर्पाठ हो जाता है। घर पर फिर अध्ययन बहुत सरल होता है।

छात्र को कक्षा में पढ़ाया गया पाठ्यांश हमेशा कक्षा में ही समझने और टिप्पणियाँ लिखने के लिए है, यह अच्छी तरह गाँठ बाँध लेनी चाहिए। अध्ययन के समय का ठीक उपयोग और कुशलता लाने के लिए कभी भूलना नहीं चाहिए।

अध्यापक को अध्ययन में शामिल करो

कक्षा में छात्र घर से तैयार होकर जाएँ। अध्यापक पढ़ाते समय जो विषय के प्रति कहते हैं, उससे अधिक उसका निःशब्द अंग संचालन, अभिनय, भाव व्यंजना और हस्त संचालन कह देता है। हमारे एक अध्यापक रवीन्द्रनाथ टैगोर की वियोगपूर्ण दुखान्त कथा पढ़ाते समय अत्यधिक भावुक हो जाते थे। उनकी आवाज अन्त पर बहुत महीन और रुकती-सी लगती। कथा का मर्मग्राही अंश हमें भीतर तक झिंझोड़ देता। भला ऐसी कक्षा कैसे भुलाई जा सकती। चाहे 'काबुलीवाला' हो, 'पोस्टमास्टर' हो या 'गंगा की सीढ़ियाँ'। विचार और भावना को परिष्कार ऐसा ही अध्यापन देता है। ऐसे अध्यापक केवल परीक्षा की दृष्टि से नहीं पढ़ाते। वे हमें जो संस्कार देते हैं, वही व्यक्तित्व का विकास है।

प्रश्न पूछना छात्र की सजगता का प्रमाण

कक्षा में बैठकर केवल शब्द एवं शब्द व्याख्यान लिखना जरूरी नहीं है। न विद्यार्थी दीर्घ लेखन को द्रुत लेखन में लिखना सीखने आए हैं। कक्षा में व्याख्यान को सुनकर, समझकर उस पर चिन्तन करना बहुत आवश्यक है। यदि कोई शंका हो तो उसको दूर करने के लिए शीघ्र अध्यापक से पूछ लेना चाहिए।

प्रश्न लिखकर अध्यापक को दिया जा सकता है। यह कार्य कक्षा की समाप्ति पर भी पूछा जा सकता है। अगली बार जब वे पढ़ाने आनेवाले हों, तब तुम्हारे प्रश्न का उत्तर भी सरलता से दे देंगे। विद्यार्थी का प्रश्न पूछना उसके सीखने की प्रक्रिया में सन्नद्ध रहने का साक्षी है। **प्रश्न पूछने में संकोच न करें।**

टेप रिकॉर्डर का प्रयोग

कुछेक विद्यार्थी अध्यापक का व्याख्यान टेप कर लेते हैं। लेकिन प्रत्यक्ष व्याख्यान से जो लाभ मिलता है वह टेप रिकार्डर से नहीं मिलता। टेप रिकॉर्डर का उपयोग कभी-कभी धोखा दायक भी होता है। टेप रिकॉर्डर मशीन है, वह बिगड़ सकता है। कई बार तकनीकी कारण से व्याख्यान टेप ही नहीं हो पाता। अध्यापक के हावभाव, उनकी जीवन्तता बनाई आकृति, ब्लैकबोर्ड पर का कार्य इत्यादि टेप रिकार्डर रिकार्ड नहीं कर सकता। सबसे बुरी बात यह है कि टेप लगाकर बैठा छात्र अध्यापक की पढ़ाई से बेखबर बैठ सकता है। वह व्याख्यान के दौरान निष्क्रिय बना बैठा रह सकता है। अध्यापक इस तरह निष्क्रिय विद्यार्थियों के समक्ष स्वयं को टेपरिकार्डर का ही एक

मशीनी उपकरण बनाना बहुत अपमानपूर्ण समझते हैं, अतः उनसे अनुमति लेकर ही व्याख्यान टेप करें, अन्यथा नहीं।

व्याख्याता अध्यापकों के शैक्षिक तरीके

कुछेक अध्यापक ऐसे व्यर्थ के विवरणों में उलझते हैं जिनका पाठ्यक्रम या परीक्षा से कोई सम्बन्ध नहीं होता। ऐसे विवरणों की टिप्पणियाँ लिखना व्यर्थ होता है। साहित्य पढ़ाते समय साहित्यकार के कृतित्व को समझने के लिए उसका व्यक्तित्व भी समझना जरूरी होता है। ऐसे में व्याख्यान देते समय यदि अध्यापक साहित्यकार के जीवन की निजी बातों का उल्लेख करे और उन बातों का उसकी रचनाओं पर प्रभाव सिद्ध करे, तो यह आवश्यक माना जाएगा।

उदाहरण, जयशंकर 'प्रसाद' को पढ़ाते समय उनके पारिवारिक जनों का असमय काल कवलित हो जाना, दुकान का दीवाला निकल जाना जैसे उनके दुख और उन दुखों से प्राप्त उनकी मानवीय दृष्टि, साहित्य में उस निजी दुख का जन करुणा में पर्यवसान इत्यादि समझाना जरूरी होता है।

परन्तु भौतिकशास्त्र या रसायनशास्त्र का अध्यापन अलग ढंग का होता है। किसी विशिष्ट वैज्ञानिक का जीवन दर्शन, उसके आविष्कृत उपकरण, उसकी निजी बातें ये साहित्य का विषय भले ही बनें, यह विज्ञान विषयों से असम्बद्ध विवरण है। न किसी पाठ्यांश को स्पष्ट करता है, न परीक्षा की दृष्टि से उपयोगी है। ऐसी बातें टिप्पणियों के लिए व्यर्थ है।

कुछेक शिक्षक ऐसे भी

कुछेक शिक्षक व्यर्थ की ऐसी बातें करते हैं जिनसे उनका व्यक्तिगत सम्बन्ध होता है। एक ऐसे ही अध्यापक विशिष्ट प्रशिक्षणार्थ एक वर्ष के लिए जापान गए थे। वे बात-बात पर "जापान में ऐसा होता है, वैसा होता है–" शुरू कर देते हैं। जापान उनका पीछा नहीं छोड़ता और न वे विद्यार्थियों का।

एक अध्यापक शिक्षा और दर्शन पढ़ाते समय दार्शनिक 'व्हाइट हेड' को हर प्रसंग में डाल दिया करते, एक अध्यापक इसी प्रकार "इग्जिीमा में होमियोपैथी का इलाज"–पर जब तब लेक्चर झाड़ते। चाहे पन्त, निराला या महादेवी हो चाहे दिनकर, बच्चन या माखनलाल चतुर्वेदी उनकी होमियोपैथी बीच में आ ही जाती।

शिक्षक की ऐसी कमज़ोरी के प्रति सावधान रहकर ही टिप्पणियाँ निकालें।

12

टिप्पणी लेखन कैसे?

बहुत से विद्यार्थी अपने समस्त विद्यार्थी जीवन में कक्षा में समझते हुए पाठ्यांश की टिप्पणियाँ कभी नहीं लिखते। उसका मुख्य कारण यही होता है कि टिप्पणियाँ लिखने के लिए जो अग्रिम अध्ययन घर पर जरूरी होता है, वह नहीं करते। न कक्षा में व्याख्यानों को समझने का प्रयास करते हैं। उनकी सारी पढ़ाई व्यक्तिगत तौर पर होती रहती है। अध्यापकों का कोई सहयोग वे ले नहीं पाते। जो समझना है सब स्वप्रयास तथा भूल सुधार पद्धति द्वारा, समय की बर्बादी करके समझना है। अध्ययन की सरलता और कुशलता से उनका लेन-देन नहीं रहता।

वस्तुतः ये विद्यार्थी कोई कम योग्यता के नहीं होते परन्तु कक्षा में उनकी अरुचि और ऊब उन्हें पीछे रख देती है।

वे घर पर स्वाध्याय करते हैं और इसलिए उन्हें कठोर अध्ययन लम्बे समय तक करना होता है। यही कक्षा में पाठ्यांश न समझने की सबसे बड़ी हानि है।

कुछेक अध्यापक भी कक्षा में बहुत-सा पाठ्यांश नहीं पढ़ाते। ऐसी दशा में स्वाध्याय से टिप्पणियाँ कैसी घर पर तैयार की जाएँ? इस पर अगले अध्याय में विचार होगा।

स्वाध्याय की कुशलता

कार्यकुशलता से ऊब नहीं होती। मन एकाग्र होता है। रुचि जागृत होती है, सही अध्ययन के लिए मन में धुन पैदा होती है। टिप्पणियाँ लिखते समय की सावधानियाँ—

(1) केवल महत्त्वपूर्ण मुद्दों को लिखो।

(2) परन्तु पारिभाषिक शब्दों, आकृतियों, उदाहरणों को ज्यों का त्यों लिखें।

(3) स्मरण शक्ति का प्रयोग पिछले अध्याय अनुसार करते चलें।

(4) परीक्षा की दृष्टि से मुद्दों को लिखें ताकि पुनर्पाठ सरल हो और परीक्षा के दिनों में केवल मुद्दे लिखकर विवरण याद हो जाए।

यहाँ स्वाध्याय में कैसे टिप्पणियाँ लिखी जाती हैं इसका प्रत्यक्ष उदाहरण दिया जा रहा है।

टिप्पणी निकालने का सरल तरीका

यहाँ अर्थशास्त्र का एक नियम, 'माँग का नियम' किस प्रकार सरलीकृत करके परीक्षा की दृष्टि से टिप्पणियों द्वारा आत्मस्थ किया जाता है, इसे देखेंगे। इसके बाद उस पर टिप्पणियाँ (नोट्स) लिखेंगे।

पुस्तक का पाठ्यांश निम्न है : माँग का अर्थ एवं परिभाषा

सामान्यतः माँग का अर्थ इच्छा है। किन्तु अर्थशास्त्र में मनुष्य की सभी इच्छाओं को माँग नहीं कहा जाता। ऐसी इच्छाएँ जिनकी पूर्ति के लिए व्यक्ति के पास साधन नहीं तो वह इच्छा माँग नहीं कहलाती। इच्छा हो और वह साधन व्यय करने को तैयार हो तभी वह माँग कहलाती है।

एक निर्धन व्यक्ति की इच्छा कार लेने की हो सकती है, एक साधन सम्पन्न व्यक्ति की इच्छा भी कार लेने की हो सकती है, इसी प्रकार एक साधन सम्पन्न मगर कंजूस व्यक्ति की भी इच्छा कार लेने की हो सकती है। यहाँ पर केवल साधन सम्पन्न तथा खर्च करने को तत्पर धनवान व्यक्ति की इच्छा ही माँग कहलाएगी। निर्धन व्यक्ति की इच्छा साधन न होने से और कंजूस की इच्छा धन खर्च करने की तत्परता के अभाव कारण माँग नहीं कहलाएगी।

प्रो. पेंशन के अनुसार माँग एक प्रभावी इच्छा है। जिसमें निम्न तीन बातें समाविष्ट होती हैं।

(1) किसी वस्तु को प्राप्त करने की इच्छा।

(2) इच्छा की पूर्ति के लिए पर्याप्त साधनों की उपलब्धता।

(3) साधनों को खर्च करने की तत्परता।

जे.एस. मिल के अनुसार, "माँग आशय, माँगी जानेवाली मात्रा से है। यह मात्रा निश्चित नहीं होती। सामान्यतः यह मूल्य के अनुसार बदलती रहती है।"

प्रो. बेन्हम के अनुसार, "किसी वस्तु की माँग किसी दिए गए मूल्य पर वह मात्रा है, जो एक निश्चित समय में उस मूल्य पर खरीदी जाएगी।"

इस प्रकार माँग से आशय किसी वस्तु की उस मात्रा से है जो एक निश्चित समयावधि में निश्चित मूल्य पर क्रय की जाती है।

विशेषताएँ या तत्त्व

उपरोक्त परिभाषाओं के अनुसार निम्न पाँच तत्त्वों का माँग में होना आवश्यक है।

(1) किसी वस्तु को प्राप्त करने की इच्छा।

(2) उस इच्छा तृप्ति के लिए पर्याप्त साधन।

(3) साधनों को व्यय करने की तत्परता।

(4) इच्छा का निश्चित मूल्य से सम्बन्धित होना।

(5) माँग का सम्बन्ध विशेष समय से होना।

माँग, मूल्य तथा समयावधि में पारस्परिक सम्बन्ध–माँग का वस्तु के मूल्य तथा समय के साथ घनिष्ठ सम्बन्ध है। वस्तु के मूल्यानुसार उसकी माँग होती है। आम का मूल्य 3 रु. होने पर एक व्यक्ति 5 किलो आम की माँग करता है। आम के मूल्य में कमी या वृद्धि होने पर माँग बढ़ या घट सकती है।

यह समय पर आधारित माँग है। आज वह यदि 5 किलो आम की माँग करता है, तो कल भी यही माँग रहेगी यह जरूरी नहीं है। वह कम या अधिक भी हो सकती है।

इस प्रकार माँग उक्त 5 तत्वों से सम्बद्ध होती है।

माँग के नियम की परिभाषा

प्रो. माइली के शब्दों में, "अन्य बातें स्थिर रहने पर किसी वस्तु के मूल्य में कमी होने से उसकी माँग बढ़ती है और उसके मूल्य में वृद्धि होने से उसकी माँग घटती है।"

माँग के नियम के अनुसार माँग और मूल्य में विपरीत सम्बन्ध होता है। फिर भी यह उनके बीच स्थापित आनुपातिक सम्बन्धों की व्याख्या नहीं कर सकता। यह नियम यह नहीं बताता कि आम के मूल्य में 10 प्रतिशत कमी होने से उसकी माँग में कितने प्रतिशत वृद्धि होगी। माँग के नियम से चार बातों की जानकारी मिलती है।

(1) अन्य बातें स्थिर रहने पर यह आय, रुचि, फैशन, जनसंख्या तथा आय के वितरण में परिवर्तन नहीं होने पर ही लागू होता है।

(2) माँग में परिवर्तन मूल्य की विपरीत दिशा में होता है। बच्चों का ढेकुल का खेल इसको समझने के लिए बताया जाता है। इस खेल में एक लड़के के दो सिरों पर दो बच्चे बैठते हैं। एक बच्चा यदि अपना सिरा नीचे की ओर ले जाता है तो दूसरा बच्चा ऊपर उठ जाता है। इसके विपरीत भी ऐसा ही होता है।

उदाहरण द्वारा माँग के नियम की व्याख्या

उदाहरण—मान लो बाज़ार में एक आम का मूल्य 30 पैसे है। इस मूल्य पर एक व्यक्ति एक आम की माँग करता है। मूल्य घटकर 25 पैसे हो जाता है तब वह दो आम की माँग करता है। इस प्रकार मूल्य घटकर 5 पैसे हो जाता है तब वह छह आमों की माँग करता है।

हम इसे निम्न तालिका में दिखाते हैं—

तालिका

आम का मूल्य प्रति इकाई	आम की माँग कुल इकाईयाँ
30 पैसे	1
25 पैसे	2
20 पैसे	3
15 पैसे	4
10 पैसे	5
5 पैसे	6

उपरोक्त तालिका में एक व्यक्ति की माँग दर्शायी गई है। जैसे-जैसे मूल्य घटता है माँग बढ़ती जाती है और इसके विपरीत मूल्य वृद्धि के साथ माँग घटती जाती है।

माँग वक्र : रेखाचित्र द्वारा स्पष्टीकरण

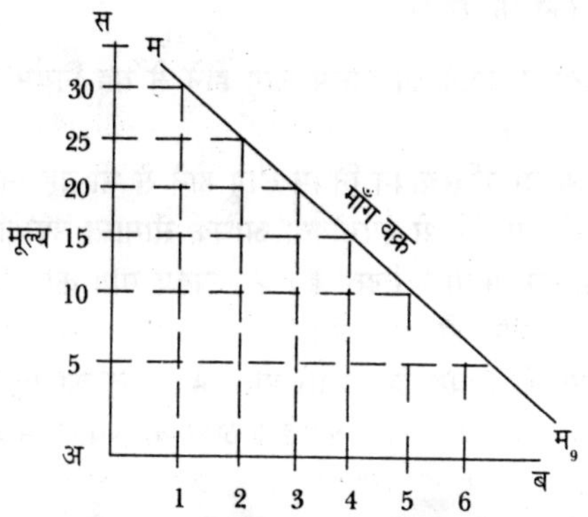

चित्र–आम की इकाइयाँ

उपरोक्त आकृति में अ स रेखा पर आम का मूल्य और उन पर आम की इकाइयाँ दर्शायी गई हैं। आम का प्रति इकाई मूल्य अ स पर और अ ब पर आम की प्रति इकाई का मूल्य दर्शाया है।

विभिन्न मूल्यों पर आम की इकाइयों की माँग, माँग वक्र पर दिखाई गई है। यह माँग वक्र मूल्य और इकाइयों के मिले बिन्दुओं से बनी है।

माँग का नियम और सीमान्त उपयोगिता

माँग का वक्र और सीमान्त उपयोगिता का वक्र लगभग एक जैसा होता है। माँग की रेखा सीमान्त उपयोगिता रेखा की तरह नीचे झुकती है।

जिस प्रकार हर अगली इकाई से प्राप्त होनेवाली उपयोगिता क्रमशः घटती जाती

है उसी प्रकार मूल्य बढ़ने पर आय की माँग भी क्रमशः घटाती जाती है। अतः यह स्पष्ट होता है कि माँग का नियम सीमान्त उपयोगिता के घटने के नियम पर आधारित है।

माँग के नियम की मान्यताएँ

माँग के नियम के प्रारम्भ में 'अन्य बातें स्थिर रहने पर' वाक्यांश जुड़ा है जो इस नियम की मान्यता का या शर्त्तों से जुड़ा है। ये मान्यताएँ निम्न हैं–

(1) उपभोक्ता की आय में कोई परिवर्तन न हो।

(2) उपभोक्ता के स्वभाव, रुचि, फैशन तथा आदतों में परिवर्तन न हो।

(3) देश की जनसंख्या स्थिर हो।

(4) भविष्य में वस्तुओं के मूल्य स्थिर रहना चाहिए। मूल्य कम-अधिक होने की सम्भावना न हो।

माँग का नियम क्रियाशील होने के कारण

(1) सीमान्त उपयोगिता के घटने का नियम लागू होने से यह नियम लागू होता है।

(2) सम-सीमान्त नियम या प्रतिस्थापन नियम लागू होने से भी यह नियम अमल में आता है। मूल्य कम होने से उपभोक्ता अधिक सीमान्त उपयोगिता प्राप्त करने के लिए अधिक मात्रा खरीदता है। फलस्वरूप माँग का विस्तार होता है और नियम क्रियाशील हो जाता है।

(3) आय के प्रभाव से भी नियम क्रियाशील होता है। वस्तु का मूल्य घटने से उपभोक्ता की आय बढ़ जाती है। वह इस आय का ज्यादा मात्रा खरीदने में लगाता है।

(4) मूल्य कम होने से उपभोक्ताओं की संख्या बढ़ने से और मूल्य बढ़ने पर उपभोक्ताओं की संख्या घटने से भी यह नियम क्रियाशील होता है।

माँग के नियम के अपवाद

माँग का नियम कुछ विशेष स्थितियों में लागू नहीं होता।

(1) अनिवार्य वस्तुओं पर यह नियम लागू नहीं होता। उन वस्तुओं का मूल्य कितना भी बढ़ने पर लोग उनका उपभोग करते ही हैं।

(2) प्रतिष्ठा रक्षक या दिखावे की वस्तुओं पर यह नियम लागू नहीं होता। वस्तुओं की कीमत बढ़ने पर भी अमीर शान दिखाने को अधिक खरीदते हैं।

(3) उपभोक्ताओं के अज्ञान के कारण भी यह नियम नहीं लागू होता।

(4) भविष्य में वस्तु की मूल्य वृद्धि होने की आशंका हो तो भी यह नियम क्रियाशील नहीं होता।

(5) निकृष्ट वस्तुओं का मूल्य गिरने पर लोग उनका उपभोग कम करके अपनी बचत श्रेष्ठ वस्तुओं पर खर्च करते हैं। यह गिफिन्स पैराडॉक्स कहलाता है।

(6) वस्तु के मूल्य परिवर्तन के साथ उपभोक्ता की आय में भी यदि परिवर्तन हो तो यह नियम नहीं लागू होगा।

(7) वस्तु की किस्म में सुधार होने पर भी उसका मूल्य बढ़ने की स्थिति में उसकी माँग कम नहीं होगी और नियम कारगर नहीं होगा।

प्रश्नावली–

(1) माँग का तात्पर्य क्या है? उदाहरण देकर समझाओ।
(2) माँग का नियम क्या है? परिभाषा तथा उदाहरण से स्पष्ट करो।
(3) माँग का नियम, किन स्थितियों में लागू होता है?
(4) माँग का नियम, किन अर्थशास्त्र के अन्य नियमों पर आधारित है?
(5) माँग के नियम के अपवाद लिखो।

संक्षिप्त टिप्पणी देकर आशय व्यक्त करो–(1) प्रभावी इच्छा (2) वास्तविक आय (3) प्रो. बेन्हम की माँग की परिभाषा,

उपरोक्त पाठ्यांश की टिप्पणियाँ नीचे दिए गए हैं।

संक्षिप्त टिप्पणी (नोट्स)

टिप्पणी लिखने से पूर्व पाठ्यांश तीन बार पढ़ो। उसे समझ लो।

(अ) माँग क्या है?

माँग और इच्छा का साम्य→माँग इच्छा है→केवल प्रभावी इच्छा ही माँग है।
प्रभावी इच्छा साधन (पैसा) खर्च करने की तत्परता+इच्छा।
निर्धन–कंजूस धनवान की इच्छा माँग नहीं

प्रो. पेंशन ने माँग का तात्पर्य ऊपर बताए अनुसार निम्न को माना है :
इच्छा→साधन उपलब्धता→खर्च करने की तत्परता
प्रो. मिल–माँग माँगी जानेवाली मात्रा, अनिश्चित, मूल्य आधारित
प्रो. बेन्हम–निश्चित समय में दिए गए मूल्य पर जो मात्रा माँगी जाए→वह माँग

उपरोक्त विवेचन से माँग के 5 तत्त्व–(1) प्राप्त करने की इच्छा (2) पर्याप्त साधन (3) व्यय करने की तत्परता (4) मूल्य निश्चित (5) समय से सम्बद्ध।

(ब) माँग का नियम परिभाषा–अन्य बातें स्थिर रहने पर वस्तु के मूल्य कम होने से उसकी माँग बढ़ती है, मूल्य बढ़ने से माँग घटती है।

अन्य बातें स्थिर रहने पर यही शर्तें हैं–आय, फैशन, जनसंख्या, आय का वितरण इत्यादि माँग का नियम उदाहरण द्वारा स्पष्ट करना

तालिका–रेखाचित्र द्वारा स्पटीकरण

शर्तों को समझाना–आय, फैशन, जनसंख्या, आय वितरण, भविष्य में मूल्य स्थिर होना। नियम क्रियाशील क्यों? सीमान्त उपयोगिता नियम, प्रतिस्थापन नियम, वास्तविक आय वृद्धि, खरीदार ज्यादा।

अपवाद–अनिवार्य वस्तु, प्रतिष्ठा रक्षक वस्तु, उपभोक्ता का अज्ञान, भविष्य में मूल्य वृद्धि की आशंका, निकृष्ट वस्तु, आय परिवर्तन, वस्तु की किस्म में सुधार।

संक्षिप्त टिप्पणी-केवल मुद्दे

(1) **माँग क्या है**? प्रो. पेंशन→इच्छा→साधन खर्च करने की तत्परता। प्रो. बेन्हम→निश्चित समय दिए मूल्य पर माँग की मात्रा।
माँग के 5 तत्त्व–इच्छा-साधन-तत्परता-मूल्य-समय

(2) **माँग का नियम**–उदाहरण→तालिका→आकृति।
शर्तें–आय, फैशन, जनसंख्या, आय वितरण, भावी मूल्य
क्रियाशील क्यों–सीमान्त, प्रतिस्थापन, वास्तविक आय, खरीददार अधिक
अपवाद–अनिवार्य, प्रतिष्ठा, वास्तविक आय, अज्ञान, भावी मूल्य आशंका, निकृष्ट, किस्म में सुधार।

अतिसंक्षिप्त मुद्दे

(1) **माँग–पेंशन–बेन्हम–साई सत मूल्य**। यहाँ प्रत्येक शब्द का प्रथम अक्षर लिया है

(2) **माँग का नियम–उदाहरण–तालिका-आकृति**
शर्तें–आ फैन, आभा। हर शब्द का प्रथमाक्षर लेकर सूत्र बना है। क्रियाशील
क्रियाशील क्यों–दो नियम, वास्तविक खरीदार
अपवाद–अ, वा, अ, भा, नि, कि
या–अ2, भावा, नि कि सूत्र में सभी शब्दों के प्रथम अक्षर हैं।

पुनर्पाठ

अतिसंक्षिप्त मुद्दे लेकर पूरा पाठ्यांश लिख कर देखो। परीक्षा की दृष्टि से ये ही अति संक्षिप्त मुझे स्मरण में रखें। इन आद्याक्षरों से पूरा शब्द फिर शब्द से पूरा मुद्दा स्मरण करो। ये पुनर्पाठ से सरलतापूर्वक स्मरण में रहेंगे।

तकनीकी विषयों तथा गणित जैसे विषयों की टिप्पणियाँ

इन विषयों में पहले पठन सम्बन्धी सावधानियाँ जो पठन के अध्याय में चर्चित हैं, ठीक से समझ लेनी चाहिए। एक बात स्मरण रहे कि तकनीकी विषय और गणित में जो आकृतियाँ चार्ट और ग्राफ दिए होते हैं उन्हें ठीक से समझकर उतारकर देखें। विज्ञान के विषयों में पिछला सन्दर्भ बहुत अधिक महत्त्वपूर्ण होता है, उसे ठीक प्रकार से

समझकर ही आगे का अध्ययन करना होता है। तकनीकी और विज्ञान के विषयों के नियम प्रयोगों द्वारा सिद्ध होते हैं। वे स्थिर एवं परिवर्तन शील हैं।

इसलिए पाठ्यपुस्तक का ज्ञान ज्यों का त्यों आत्मस्थ करना है। अतः बार-बार आकृतियों सूत्रों को लिख-लिखकर स्मरण करना होता है।

इसी प्रकार गणित में भी तर्क, अनुमान और स्मरण शक्ति का प्रयोग अधिक होता है। गणित को हल करने की रीति याद रखने के लिए अनेकों प्रकार के गणित हल करके देख लेने चाहिए।

गणित को पहेली बुझाने का विषय मानकर इसे मनोरंजन की सामग्री समझ लेनी चाहिए। उसका अभ्यास बार-बार करना चाहिए।

बिना समझे प्रगति नहीं

गणित विषयों को अभ्यास द्वारा हृदयंगम करो। बार-बार ग़लत या सुधार से गणित सीखा जा सकता है। गणित के हर प्रकार के उदाहरण हल करके देखें।

गणित में यदि रुचि जाग गई, तो समझ लो, विषय में अग्रणी हो गए। गणित में श्रम और समय के साथ रुचि और एकाग्रता जरूरी है।

पारिभाषिक शब्दावली

तकनीकी और विज्ञान विषयों में पारिभाषिक शब्दावली जरूरी है। तुम्हारी पुस्तक में महत्त्वपूर्ण सिद्धान्त मोटे टाइप में मुद्रित हैं, उन्हें ठीक से पढ़ो। ऐसे मुद्दे जो पाठ्य पुस्तकों में ध्यान देने के लिए हैं, उन्हें कंठस्थ करो, पुनर्वार लिखकर जाँचों।

बार-बार का प्रयास और लेखन

इन विषयों को अनेकों बार लिखकर स्मरण करना होता है। इन विषयों का अध्ययन बिना प्रयास, पुनर्पाठ और श्रम के बिना सम्भव नहीं होता।

13

चिन्ता आखिर क्यों?

असफलता का भय चिन्ता का कारण होता है। परीक्षा की चिन्ता अनेक भयोत्पादक विचारों से मिश्रित होती है। छात्र विचार करता है कहीं वह असफल तो नहीं होगा? परीक्षा में अनुत्तीर्ण होने पर उसका एक वर्ष बेकार जा सकता है। एक वर्ष का नुकसान उसे अनेक दुःस्वप्नों से भर देता है। इस बीच उसके पिता सेवानिवृत्त होंगे, पढ़ाई का खर्च कठिन होगा। बहन के ब्याह की चिन्ता है। उसे व्यावसायिक धन्धेवाले महाविद्यालय में प्रवेश नहीं मिलेगा। चूँकि उसने प्रथम प्रयास में प्रवेशार्थ अनिवार्य कक्षा की परीक्षा पास नहीं है, यह असफलता उसका भविष्य बर्बाद कर देगी। उसके साथी उसका मज़ाक बनाएँगे वगैरह-वगैरह।

कुछेक छात्र परीक्षा भय से बीमार पड़ते देखे गए हैं। यदि इस भय के प्रति सोचा जाए तो यह भय कल्पनिक अधिक है। एक बात हमेशा स्मरण रखो कि जितना अनिष्ट हम सोचते हैं उतना अनिष्ट तो दूर की बात है, उसकी छाया भी हम पर नहीं पड़ती है। हम चिन्ता में व्यर्थ ही अपना समय, शक्ति और मानसिक शान्ति को नष्ट करते हैं। कवि दिनकर ने 'सीपी और शंख' में कहा है। "कठिनाई से बचने का रास्ता, कठिनाई के भीतर से जाता है।" जबकि शायर ने यही बात दूसरे ढंग से कही है, "डर से बचना है तो, तू डर से गुज़र जा।" दोनों का आशय समान है।

इस पुस्तक में निर्दिष्ट अध्ययन के नुस्ख़े आज़मा कर यदि तुमने वर्ष भर समय सारिणी बनाकर अध्ययन किया है, समय का सदुपयोग किया है तो फिर तुम्हें परीक्षा में असफलता की चिन्ता नहीं करनी चाहिए।

असफलता की चिन्ता से भी लाभ

असफलता की चिन्ता सभी को होती है। भगवान राम को भी रावण से युद्ध करते समय यह चिन्ता सता चुकी थी। 'राम की शक्ति पूजा' में कवि निराला इस मानसिक द्वन्द्व का वर्णन कर चुके हैं। असफलता की आशंका ही मनुष्य की सफलता का मार्ग प्रशस्त करती है। असफलता की चिन्ता होने पर एक सत्य सदैव स्मरण रखो, चिन्ता होना अस्वाभाविक नहीं है, परन्तु वह तुम पर हावी हो इससे पूर्व तुम उस पर हावी हो जाओ।

किसी भी कार्य से पूर्व चिन्ता हुआ करती है। हम पिछले अध्यायों में आत्मविश्वास वृद्धि के प्रति लिख चुके हैं। स्मरणशक्ति विकसित करने के तरीके, अध्ययन के तरीके और टिप्पणियाँ लिखने के तरीके भी बता चुके हैं। तुमने यदि पाठ्यांश तैयार कर लिया है तो तुम परीक्षा में अपना जौहर बनाने के लिए तत्पर हो, फिर यह चिन्ता क्यों? चिन्ता और मानसिक द्वन्द्व सदैव यह प्रकट करते हैं कि कोई महत्त्वपूर्ण मोड़ तुम्हारे जीवन में आ रहा है, जो चिरस्मरणीय रहेगा।

चिन्ता के क्षण

यूँ तो बड़े-बड़े कलाकार, वक्ता, खिलाड़ी इत्यादि भी मंच पर अपने खेल या कला का जादू बिखेरने से पूर्व तनाव और घबराहट से असहज हो जाते हैं। मैंने एक नाटक के बहुत बड़े कलाकार को ग्रीन रूम में पसीने से तर-बतर होते देखा है। वह अपने सेक्रेटरी से कह रहे थे अभी कोई बात मुझसे न पूछो, न कहो। कोई मिलना चाहे तो मत आने दो। नाटक के बाद बातें होंगी। मेकअप मैन से उन्होंने डाँटकर कहा था—अभी चुप रहो, जल्दी काम खत्म करो, मुझे स्क्रिप्ट दुहरानी है।

वे बाद में स्क्रिप्ट पढ़ते हुए घबराए से संवाद दुहरा रहे थे। उनकी 'प्रवेश' से नाटक शुरू हो रहा था। पर्दा उठते ही वे मंच पर पहुँचे और ऑडिटोरियम तालियों से गूँज उठा।

और वे आत्मविश्वास से भरे अपने पात्र के चरित्र से एकाकार हो गए। उनकी साधना ने उनकी रक्षा की।

मैंने बाद में उनसे पूछा, ''आप क्या हर बार इतने तनावग्रस्त रहते हैं?''

वे बोले, ''यदि यह तनाव न रहे तो मैं अपने अभिनय में जीवन्तता ला ही नहीं सकता। धीरे-धीरे यही तनाव मेरे पात्र को मुझसे एकाकार कर देता है। यदि कोई मेरा उस समय दिल भी चीरकर देखे तो उसमें मेरे अभिनीत पात्र की धड़कन सुनाई देगी।''

वे कुछ रुककर आगे बोले, "हाँ यह सही है कि हमेशा ऐसे क्षणों में मेरी पूर्व तैयारी मेरे काम आती है। और मैं स्वयं आश्चर्यचकित रह जाता हूँ कि दर्शकों की तालियों के साथ मैं अपने पात्र का प्रतिरूप कैसे बन गया हूँ? दर्शक मुझ पर और मैं उनसे साधारणीकृत हो उठता हूँ।"

मुझे बहुत पहले कि घटनाएँ इस सन्दर्भ में स्मरण आती हैं। मैं 'कुश्ती' का विश्वविद्यालयी चैम्पियन था। कई शहरों में नागपुर विश्वविद्यालय का दल नायक के रूप में प्रतिनिधित्व भी किया करता। एक वर्ष मेरा मुकाबला ऐसे चैम्पियन से था जो दूसरे विश्वविद्यालय से हमारे विश्वविद्यालय में स्थानान्तरित था। उसका बतौर 'कुश्ती बाज़' बहुत अच्छा रिकार्ड था। उसके सुगठित, कद्दावर शरीर और फुर्तीले हावभाव के कारण मुझे लगा मैं मुकाबला हार जाऊँगा। फिर भी अपनी घबराहट पर काबू करने के लिए मैं स्वयं निर्देश करने लगा। मन्दिर जाकर अपने आराध्य से प्रार्थना की। हृदय में कुछ-कुछ तनाव का असर घटा। मुकाबले के लिए, गद्दे पर पैर रखते ही पता नहीं

क्यों मुझे लगा मैं हार नहीं सकता। प्रतिद्वन्द्वी भी काफी आत्मविश्वास से लड़ रहा था। मैं खुश था कि मैं ऐसे खिलाड़ी से लड़ रहा हूँ जो कुश्ती कला में माहिर है। थोड़ी देर की हाथापाई के बाद मैंने वक्त देखकर अपना 'याद-दाँव' मार दिया और वह लपेटे में आ गया। मुकाबला अप्रत्याशित तौर पर मैं जीत गया था। हार के क्षणों में मेरी साधना वह 'याद दाँव' मेरे काम आ गया, जैसे कोई सिद्ध अस्त्र काम आए।

कहते हैं साधना ही साधन मुहैया कराती है।

परीक्षा में अध्ययन की यही साधना तुम्हारा साथ देगी। भयग्रस्त कदापि मत होओ। भय पर नियन्त्रण रखो। भय यदि तुम पर हावी हो गया तो तनावग्रस्त होकर तुम्हारा कार्य और प्रणाली दोनों पर उसका असर पड़ेगा।

होशियार से होशियार छात्र भी सफलता के प्रति संदिग्ध हो सकता है। मगर याद रहे, यह परीक्षा भय, असफलता से कम, सफल होने की चिन्ता से अधिक आक्रान्त है।

अफवाहों से बचो

कुछेक छात्र परीक्षा के दौरान अफ़वाहें फैलाकर स्वयं को सबकी दृष्टि में लाना चाहते हैं। झूठी प्रशंसा के लिए ऐसे काम, 'बदनाम भी होंगे तो क्या नाम न होगा' की तर्ज पर कुछ छात्र किया करते हैं।

यह प्रश्नपत्र तो प्रो. सेन का है। वह हमेशा पाठ्यक्रम से हटकर प्रश्न पूछते हैं।

कोई अफ़वाह उड़ाता है, "एक प्रश्न कबीर के रहस्यवाद पर आ रहा है।" और सब ऐन वक्त पर हड़बड़ी में फँस जाते हैं।

परीक्षा के समय ऐसी बातों पर विश्वास नहीं करना चाहिए। हर प्रकार से शान्त रहो।

चिन्तित क्यों हो?

चिन्ता से बचने के लिए अपने आपसे पूछो—

(1) क्या तुमने वर्ष भर कुछ भी अध्ययन नहीं किया है?

(2) परीक्षा में जो प्रश्न पूछें जाएँगे, तुम्हें मालूम है, उनसे बाहर की बातें नहीं आ सकतीं। फिर तनाव क्यों?

(3) परीक्षा में हर प्रश्न का समय, जो उसके हल करने को तय किया है तुम्हें ज्ञात ही नहीं तुम्हारे प्रयास और अभ्यास के अन्तर्गत है या नहीं?

(4) परीक्षा में पूछे जानेवाले प्रश्नों जैसे प्रश्न, तुमने हल किए हैं या नहीं?

(5) तुम्हारी टिप्पणियाँ और अध्ययन के तरीके से तुम्हें क्या कम अंक मिल सकते हैं? क्या टिप्पणियाँ त्रुटिपूर्ण हैं?

(6) गत पाँच वर्षों के प्रश्न-पत्र हल करने से तुम्हारी तैयारी क्या कम है? और अन्त में कहो—

"मैं व्यर्थ ही तनाव में हूँ, मैंने बढ़िया अध्ययन किया है, मुझे परीक्षा में श्रेष्ठतर अंक मिलेंगे। मैं उत्तम छात्रों में हूँ। ईश्वर करुणाकर है, मेरी मेहनत का फल मुझे मिलेगा ही!"

अपने को संयत रखो

मन और मस्तिष्क में तथ्यों तथा आँकड़ों के जमघट से मन में धूम मची हो, तो थोड़ी देर के लिए मन को शान्त रखो। कुर्सी पर सबकुछ भूलकर दीर्घ श्वसन (प्राणायाम) की क्रिया दस बार करो। अपने हाथ पाँव वक्ष की मांसपेशियाँ कुछ देर तान कर उन्हें ढीली छोड़ दो। आँखें बन्द रखो।

अपने आराध्य से प्रार्थना करो। इस प्रकार तुममें एक आश्चर्यजनक परिवर्तन दो-चार मिनट में आ जाएगा। भयजनक थकान फौरन दूर हो जाएगी।

परीक्षा में जाने से पूर्व इस प्रकार ध्यान और प्राणायाम तुम्हें तरोताज़ा कर देगी।

यदि तुमने हमारे निर्दिष्ट अध्ययन तन्त्र को समझकर अध्ययन किया है, समय का सदुपयोग किया है, तो वर्ष भर का तुम्हारा आत्मस्थ ज्ञान ही वह अमोध शस्त्र है, जिसका आश्चर्यजनक प्रयोग परीक्षा में तुम्हें अभूतपूर्व सफलता दिलाएगा।

14

सर्वाधिक अंक पाने के नुस्खे

विद्यार्थी वर्षभर जो अध्ययन की साधना तुमने की है, जो पाठ्यक्रम अध्यापकों ने तुम्हें पढ़ाया है, उसे केवल विषयानुसार तीन घंटों में मूल्यांकित करने की यह प्रक्रिया ही परीक्षा कहलाती है।

इस परीक्षा के लिए जो तैयारी की जानी है उसका ही संक्षिप्त किन्तु सारगर्भित विवेचन यहाँ होगा।

सबसे पहले हम यह मानकर चलते हैं कि तुमने पाठ्यक्रम को पठन, चिन्तन, मनन और लेखन से हृदयंगम कर लिया है। वर्षभर तुम हमारे निर्देशानुसार अध्ययनरत रहे हो। किन्तु परीक्षा के लिए कुछ विशेष ढंग की तैयारी भी अपेक्षित है। बिना ऐसी तैयारी के सर्वोच्च अंक प्राप्त नहीं किए जा सकते। विषय का बहुत अच्छी तरह आत्मसात् करनेवाले छात्र भी इस तैयारी के बिना श्रेष्ठ अंकों से वंचित रह जाते हैं। इसीलिए कुछ छात्र इस तैयारी को 'रणनीति' या 'परीक्षा रहस्य' कहते हैं।

परीक्षा की पूर्व तैयारी

पाठ्यक्रमानुसार प्रश्न पत्र का अंक विभाजन समझने के लिए पाठ्यक्रम पुस्तिका [सिलेबस] और पिछले प्रश्नपत्रों को देखें। पिछले पाँच वर्षों के प्रश्नपत्रों को हल कर लें। आजकल अपेक्षित प्रश्न और उसके उत्तरों की पुस्तिकाएँ बाजार में मिलती हैं, उन्हें भी पढ़ लें। उत्तर के सभी मुद्दे अपनी कापी में लिखकर रखें।

पिछले प्रश्नपत्रों से पाठ्यक्रम का मिलान करके देखा जाए कि किस-किस पाठ्यांश पर कैसे प्रश्न आते हैं। इन प्रश्नों के निबन्धात्मक, ध्येय निष्ठ और अन्य प्रकार कौन से प्रश्नपत्रों में समाहित हैं। इन प्रश्नों पर अंक विभाजन कैसे है?

एक प्रश्नपत्र का विवचेन हम यहाँ कर रहे हैं।

विषय–हिन्दी काव्य। समय–3 घंटे। अंक–100।

अब पिछले पाँच वर्षों के प्रश्न पत्र देखकर पता चलता है कि एक प्रश्न में सन्दर्भ सहित व्याख्यान के पाँच अंश है। सारांश और उद्देश्य, आलोचना, निबन्ध आदि पर चार प्रश्न हैं। इस तरह कुल दस प्रश्नों में कोई पाँच हल करने हैं। सभी पर समान अंक है केवल पहला प्रश्न का उत्तर देना अनिवार्य है।

पाठ्यांशानुसार अंक विभाजन देखकर अंकानुसार समय विभाजन भी कर लेना चाहिए। तीन घंटों में पाँच प्रश्न हल करने हैं इसलिए प्रति उत्तर बत्तीस मिनट से अधिक नहीं लगना चाहिए। यदि प्रति उत्तर तीस मिनट लगते हों तो अन्त में तुमको बीस से तीस मिनट, पूरी उत्तर पुस्तिका फिर से पढ़ने के लिए, बचाने हैं। यह पुनर्पठन बहुत-सी गलतियाँ दूर करता है। वर्तनी की भूलें, छूटे हुए शब्द, विरामचिह्नादि का प्रयोग इस पुनर्पाठ में सुधर जाते हैं। बाकी समय में यह जाँच बहुत जरूरी है।

पूरा प्रश्नपत्र हल करना

यह निश्चय पूरी तरह अमल में लाना है। हमें पहले ही तीन घंटों में पाँच प्रश्न हल करने की कोशिश कर लेनी चाहिए। इससे हमारे उत्तरों का कलेवर कितना बड़ा होगा यह हम तय कर लेंगे। कुछ विद्यार्थी उत्तरों में कुछ अनावश्यक बातों की चर्चा करते हैं, इससे उत्तर लम्बे हो जाते हैं। समयाभाव से उत्तर आने पर न लिख पाना बहुत बड़ा दुर्भाग्य है।

इस दुर्भाग्यपूर्ण स्थिति से बचो

समझो तुमने तीन घंटों में कुल तीन प्रश्नों के तीन उत्तर ही लिखे हैं। उत्तर सन्तोषपूर्ण हैं। सभी आवश्यक अनावश्यक मुद्दे उसमें अन्तर्हित हैं। अब परीक्षक के सामने तुमने केवल साठ अंकों का प्रश्नपत्र हल करके रख दिया है। प्रत्येक प्रश्न पर बीस अंक है यदि तुम्हें वह निबन्धात्मक उत्तरों पर अधिकाधिक अंक भी दे तो पचहत्तर प्रतिशत जो भाषा में श्रेष्ठतम अंक हैं, तुम्हें दे देगा। अर्थात् तुम्हें कुल तीन उत्तरों पर पैंतालीस अंक मिलेंगे। यह कुल सौ अंकों में से गिने जाएँगे। पैंतालीस प्रतिशत अंक तुम्हारी श्रेणी तृतीय बनाकर धर देंगे।

समय का ठीक उपयोग न करना परीक्षा में ऐसी असफलता दिलाता है। जीवन भर परीक्षार्थी अपनी गलती पर पछताता रहता है। यही है दुर्भाग्यपूर्ण स्थिति। यदि इस पुस्तक को पढ़कर कोई परीक्षा में पूरे प्रश्न हल करता है और समयाभाव का रोना नहीं रोता, तो इस पुस्तक के लेखन को सार्थक माना जाएगा। यह अत्यन्त गम्भीर बात है।

प्रश्न छूटने के डर से हमेशा एक बात स्मरण में रहे कि कोई पाठ्यांश अध्ययन से छूटे नहीं। मेरे एक सहपाठी ने वर्षभर ठीक से अध्ययन नहीं किया। पाठ्यक्रम में 'कबीर' भी था। उसे डॉ. हजारीप्रसाद की कबीर पढ़ने की फुरसत नहीं मिली और कबीर पर पूछा सरल प्रश्न न लिख पाने से वह कुल चार प्रश्न ही हल कर पाया। पूरा पाठ्यक्रम अध्ययन के लिए तय रखो। कुछ भी छूटना परीक्षा के प्रति हमारे विश्वास को डिगाता है। परीक्षा की असफलता हम पूर्व प्रयास में कमी करके हम स्वयं तय कर डालते हैं। परीक्षक नहीं।

परीक्षा में पाँचों प्रश्न हल करनेवाला छात्र यदि कम अंक भी ले अर्थात् बीस में से बारह तो भी वह प्रथम श्रेणी में उत्तीर्ण होकर रहेगा।

आप विशेष योग्यता के बावजूद पिछड़ जाएँगे।

उत्तर सही ढंग से लिखने के लिए तय समय में उसे लिखने का पूर्वाभ्यास कर लो।

एक पृष्ठ पाँच से सात मिनट में लिखा जाना चाहिए। प्रत्येक उत्तर में सभी मुद्दे आ जाने चाहिए। समय कम पड़ने पर मुद्दों को संक्षेप में लिख दिया जाना जरूरी है। उत्तर में विषयान्तर या दुहराव नहीं होना चाहिए।

परीक्षा में जाते समय का पुनर्पठन

परीक्षा में जाते समय पूरे मुद्दे कम-से-कम तीन बार पढ़कर उनके संक्षिप्त नेट्स देख लिए जाने चाहिए। कुछेक सूत्र पिछले अध्याय में बताए अनुसार तैयार किए हो तो परीक्षाभवन में पहुँचते ही अपना रोल नम्बर और विषयादि लिखने के बाद अन्तिम पृष्ठ पर पेंसिल से स्मरणानुसार दर्ज कर लेना चाहिए।

तीन बार पुनर्पाठ से आप परीक्षा आसानी से दे सकेंगे।

परीक्षा में जाने से पूर्व

परीक्षा में जाने से पूर्व परीक्षार्थी को पूरी नींद लेनी चाहिए। रातभर जागने से मानसिक एवं शारीरिक थकान इस कदर हावी हो जाती है कि पढ़ा लिखा सबकुछ विस्मृत होने लगता है। कभी ऐसी गलती नहीं होनी चाहिए। परीक्षा के समय, बारह घंटे से पूर्व कोई नया पाठ्यक्रम कदापि तैयार न करो। नए पाठ्यक्रम जिस पर तुमने अभी तक कुछ नहीं पढ़ा है तुम्हारे समय की बर्बादी है। अध्ययन किए अंश इस हड़बड़ी में छूट जाएँगे।

मेरा एक सहपाठी परीक्षा के एक दिन पूर्व की रात्रि में चाय-कॉफी के तीन चार कप पीकर, एनासीन जैसी टेबलेट खाकर पढ़ने बैठ गया। वर्ष भर उसने ठीक से तैयारी नहीं की थी। रात भर जागकर प्रातः वह परेशान होकर कहने लगा, "मुझे कुछ भी याद नहीं आ रहा है, मैं क्या करूँ?"

वह परीक्षा में गया ही नहीं। दोपहर में उसे तेज़ बुखार चढ़ गया था। अस्पताल में भरती करते समय डॉक्टर ने कहा, इसे तुम लोग यहाँ ले आए अच्छा किया, अन्यथा सन्निपात होकर कोई भयंकर आपदा खड़ी हो सकती थी।

परीक्षा कक्ष में प्रवेश से पूर्व

परीक्षा कक्ष में जाते समय किसी प्रकार की हड़बड़ी में मत फँसे। अपने पेन या डॉट पेन में स्याही भरी हो। पेन दो होने चाहिए। स्केल, पेंसिल, रबर और कोई आवश्यक सामान लेना हो, तो ले लें। प्रवेश पत्र लेना कतई मत भूलें। मोबाइल और कैल्कुलेटर परीक्षा नियंत्रक से पूछकर अपने पास रखें।

परीक्षा कक्ष यदि दूर हो तो जिस वाहन से जाना है, वह रास्ते में बिगड़े नहीं। परीक्षा के समय से एक घंटे पहले घर से निकलें। रास्ते में कोई बाधा या देर न हो। यदि मोटर साइकिल या स्कूटर से जाते हो तो पेट्रोल यथेष्ट हो। पहियों में हवा हो। रास्ते में कोई कष्ट न हो। रिक्शे से जाते समय उसकी चेन बार-बार न उतरे। भाड़ा

पहले तय कर लें। पहुँचने पर रिक्शेवाले से किसी प्रकार का झंझट, झगड़ा न हो। झगड़े या अन्य किसी वजह से मानसिक शान्ति और एकाग्रता भंग हो सकती है, फलतः उत्तर लिखने में तुम्हारी कुशलता पर बुरा असर पड़ सकता है। कोई बुरी खबर या व्यवहार परीक्षा बिगाड़ सकता है। मन प्रफुल्लता से भरा रहे। मानसिक शान्ति बनी रहे। आत्मनिर्देश शुभ हो और अपने आराध्य प्रभु को विस्मृत मत होने दो।

कक्ष में प्रवेश के बाद

कक्ष में प्रवेश के पूर्व साथ लाई किताबें, नोटबुक्स और जेब में पड़ा हर कागज़ (प्रवेश पत्र छोड़कर) दरवाजे के बाहर रख दें। अपने प्रवेश पत्र को देखकर रोल नं. लिखें सीट पर बैठे। उत्तर पुस्तिका पर (मुख्य पृष्ठ पर) लिखी सारी जानकारी यथा—रोल नं. विषय, माध्यम, केन्द्र का नाम इत्यादि ठीक प्रकार लिख दें। फिर उत्तर पत्रिका के अन्तिम पृष्ठ पर आवश्यक सूत्रादि विस्मृत न हो इसलिए पेंसिल से लिख लें।

प्रश्न पत्र मिलते ही, उसे पढ़ना शुरू करो और हल करने के प्रश्नों को निशान लगा दें। जो प्रश्न सरल लगे उसका उत्तर पहले लिखें। ऐसा करने से अल्प समय में उत्तर लिख जाएगा। जिस पर विचार करना पड़े, ऐसे प्रश्न बाद में हल करें। प्रश्न पत्र पढ़ने में अधिक समय नहीं लगाना चाहिए। उत्तरों को निश्चित कलेवर में लिखें। अधिक विस्तृत उत्तर शेष प्रश्नों के उत्तरों का समय ले लेगा। प्रश्नपत्र पूरा हल करना है, अतः प्रत्येक प्रश्न के उत्तर के लिए समय कितना तय करना है तय कर लें। प्रश्न पत्र बहुत सावधानी से पढ़ें, प्रश्नपत्र पढ़ने में ज्यादा समय बर्बाद न करें।

पेंसिल से हर पृष्ठ पर मार्जिन (हाशिया) खींचें। हर प्रश्न का क्रमांक लिख कर ही उत्तर लिखें। उत्तर में मनगढ़ंत, व्यर्थ की बातें कदापि बर्बाद न करें। विषय से हटकर लिखी बातें परीक्षक का आपके प्रति विचार बिगाड़ती हैं, जिसका मूल्यांकन और अंकदान पर विपरीत असर पड़ सकता है।

इसी प्रकार प्रश्नपत्र पर कुछ भी मत लिखो। केवल निशान लगाए जा सकते हैं जो शंका हो पर्यवेक्षक से पूछ लें। सह-परीक्षार्थी से कुछ न कहें, न सुनें। किसी वस्तु का आदान-प्रदान कदापि न करें। यदि परीक्षक ऐसे कृत्यों के लिए तुम्हें डाँटे या फटकारे तो व्यर्थ ही तुम्हारा अपमान तुम्हारी मानसिक स्थिति बिगाड़ देगा।

अपना व्यवहार परीक्षा के नियमानुसार संयत और अनुशासन में होना चाहिए।

लेखन आकर्षक हो

उत्तर पुस्तिका में हस्ताक्षर सुन्दर होने चाहिए, यदि सुन्दर न हों तो पूरी तरह सुवाच्य होने चाहिए। हर शब्द पर शिरोरेखा अवश्य हो। अंग्रेजी के अक्षर सी, जी, ई, एफ, बी आदि मूलाक्षर स्पष्ट और अलग-अलग दिखाई देनेवाले हों। विराम चिह्नों का प्रयोग ठीक हो। इसी पुस्तक में 'लेखन' के अध्याय में लिखने की सावधानियाँ समझाई गई हैं, उनका पालन होना चाहिए।

उत्तर पुस्तिका के साथ पूरक उत्तर पत्रिका जोड़ते समय उसका मुखपृष्ठ भी ठीक प्रकार से सभी रिक्तियाँ भरते हुए लेखन प्रारम्भ करें। मुख्य उत्तर पुस्तिका पर पूरक उत्तर पुस्तिकाएँ कितनी संलग्न है इसका आँकड़ा अवश्य भरें।

उत्तर पत्रिका पूरी लिख जाने पर अन्तिम दस-पन्द्रह मिनटों में उसे पुनः जाँच लें और आवश्यक त्रुटियाँ दूर कर लें।

कोई उत्तर अधूरा न रहे, न छूटे।

प्रश्नपत्र हल करने के बाद

कुछ विद्यार्थी प्रश्नपत्र हल करने के बाद, कक्ष से बाहर आकर सहपरीक्षार्थियों से लिखित उत्तरों के प्रति चर्चा, बहस या मीनमेख निकालने में लग जाते हैं। इस प्रकार की चर्चा में कतई न उलझें। इसका आगामी परीक्षा के प्रश्नपत्र पर विपरीत असर पड़ सकता है। यदि कोई कहें मैंने 'यह' लिखा है और समझो तुमने उसका 'यह' नहीं लिखा है, तो तुम्हें अपने उत्तरों पर शंका होगी। यदि उसने विशिष्ट बात लिखी है तो तुमने भी कुछ ऐसा लिखा है, जिसको वह न लिख पाया होगा, फिर तुम्हीं इस कमी से पीड़ित क्यों हो?

आत्मपरीक्षण करो। तुम्हारे उत्तर भी बढ़िया लिखे गए हैं। और अब उत्तर पत्रिका लिख जाने पर, पर्यवेक्षक को दे देने पर कोई सुधार सम्भव नहीं है, न इसकी आवश्यकता ही है। फिर पछतावा क्यों? घर पहुँचकर खा-पीकर आराम करो। थकान उतारकर अगले प्रश्नपत्र की तैयारी में लग जाएँ।

परीक्षा के दिनों में हर दुख, कलह, अपमान, पश्चाताप और हर थकान से बचो। तुमने परीक्षा केवल उत्तीर्ण होने की दृष्टि से नहीं दी है। तुम्हारा अत्यधिक अंक प्राप्त करने का उद्देश्य है। यह समय भावी जीवन की नींव डालनेवाला है, अतः सावधानी से कर्मरत रहें। अपनी आस्था और आत्मविश्वास बनाए रखें।

15

प्रश्नपत्र हल करने के तरीके

प्रश्नपत्रों में प्रश्नों के प्रकार पर विचार करते समय यह देखा गया है कि कुछ प्रश्नपत्र सभी प्रश्नों में अलग-अलग प्रकार के प्रश्न समाहित करते हैं तो कुछ किसी विशिष्ट प्रकार के प्रश्नों को ही।

वस्तुतः प्रश्न मुख्यतः दो प्रकार के होते हैं।

(1) निबन्धात्मक प्रश्न (2) वस्तुनिष्ठ प्रश्न

ऊँची परीक्षाओं में दोनों प्रकार के प्रश्न अलग-अलग प्रश्नपत्रों में आते हैं।

निबन्धात्मक एवं वस्तुनिष्ठ प्रश्न

निबन्धात्मक प्रश्नों के उत्तरों में निबन्ध लिखे जाते हैं, परन्तु वस्तुनिष्ठ प्रश्न के उत्तरों में संक्षिप्त उत्तर यथा वस्तु, मुद्दा अथवा विषय से सम्बद्ध एक या दो तीन शब्दों में उत्तर दिया जाता है। विद्यार्थियों को वस्तुनिष्ठ प्रश्न अधिक कठिन और असुविधाजनक लगते हैं। निबन्धात्मक प्रश्नों में यदि तीन घंटों का समय दिया गया है तो कुल प्रश्नों पर समय अधिक मिल सकता है। छह प्रश्नों पर प्रतिप्रश्न आधा घंटा समय होता है। प्रश्नपत्र में दस-बारह प्रश्न दिए होते हैं, जिनमें कुल पाँच-छह प्रश्न हल करने होते हैं। निबन्धात्मक प्रश्नों के उत्तर लिखते समय विद्यार्थी अपनी स्वतन्त्रता का उपयोग कर सकता है। उत्तर में आनेवाले मुद्दों को वह सुविधानुसार आगे-पीछे लिख सकता है, परन्तु वस्तुनिष्ठ में क्रमानुसार उत्तर देने होते हैं।

निबन्धात्मक उत्तरों में विद्यार्थी की भाषा, लेखनशैली, विशिष्ट वर्णन, आलोचना, गवेषणा व्याख्या इत्यादि के साथ भाषा एवं वर्तनी की शुद्धता, व्याकरण समता, इन बातों की जाँच होती है।

निबन्धात्मक उत्तरों में परीक्षक की व्यक्तिगतता महत्त्व रखती है, एक ही उत्तर को अलग-अलग परीक्षक कमाधिक अंक दे सकते हैं जबकि वस्तुनिष्ठ उत्तरों के लिए ठीक उत्तर पर ही अंक देने होते हैं, अन्यथा नहीं। निबन्धात्मक उत्तरों में परीक्षक की पसन्दगी मुख्य होती है।

निबन्धात्मक उत्तर में विषयी और वस्तुनिष्ठ में विषय की प्रधानता होती है।

निबन्धात्मक प्रश्न पढ़ने में समय कम लगता है जबकि वस्तुनिष्ठ प्रश्न अधिक होने से उन्हें पढ़ते ही तय करना होता है। वस्तुनिष्ठ प्रश्न सौ-डेढ़ सौ भी हो सकते हैं, इसलिए उन्हें पढ़कर सोचने का समय नहीं होता।

वस्तुनिष्ठ प्रश्न हल करते समय, समय का ध्यान रखना होता है।

निबन्धात्मक प्रश्न : हल कैसे करें?

निबन्धात्मक प्रश्न लिखते समय सम्भव हो तो मुद्दे पहले पीछे के पन्ने पर लिख लें। निबन्धात्मक प्रश्न सम्भवतः सुवाच्य और सुन्दर अक्षरों में लिखें। बार-बार एक ही मुद्दा ना दुहराएँ। लिखे हुए को बार-बार काटना, धब्बे गिराना यह लेखन की साफ-सफाई के प्रतिकूल है। साफ-सुथरा सुलेखन परीक्षक पर अच्छा प्रभाव डालते हैं। परीक्षक के प्रसन्न होने से अंक वृद्धि हो सकती है। गन्दे अक्षर परीक्षक को ऊबा सकते हैं। वह घसीट लिखे उत्तरों को पढ़ने को हरगिज़ बाध्य नहीं होता और मनमाने अंक देकर या शून्यमात्र देकर अगले उत्तर पर बढ़ जाता है। पूरी उत्तर पुस्तिका यदि इसी ढंग में लिखी गई हो तो परीक्षार्थी असफल हो जाता है।

इसीलिए लेखन सुन्दर न हो तो भी सुवाच्य जरूर होना चाहिए।

उत्तर लिखने से पूर्व थोड़ा रुकें

उत्तर लिखने से पूर्व सभी प्रश्नों को सरसरी दृष्टि से देख लें। जो प्रश्न हल करना है, उसमें क्या पूछा जा रहा है और तुम्हें क्या लिखना है, यह तय कर लें।

साधारणतः पूछा कुछ जाता है विद्यार्थी लिखते कुछ और हैं। परीक्षा परिणाम घोषित होने पर विद्यार्थी सोचता है कि उसने प्रश्न का उत्तर इतना दीर्घ लिखा था, सारे मुद्दे समाहित थे, फिर अंक क्यों कम आए?

फलतः निराशाजनक मनस्थिति का सामना करना पड़ता है। उससे घबराहट बढ़ जाती है। आत्मविश्वास डगमगा जाता है। इसका असर आगामी परीक्षा में भी पड़ता है।

परीक्षा में क्या पूछा है, उसे पहले समझें

नीचे प्रश्नों के प्रकार दिए गए हैं। अलग-अलग उद्देश्य व्यक्त करनेवाले निबन्धात्मक प्रश्नों को समझा जा सकता है और उन्हीं के आशयानुसार उत्तर लिखना जरूरी है। कुछ विद्यार्थी हर प्रश्न के लिए अपना उत्तर एक-सा तय किए रहते हैं। इसलिए यह सावधानी रखी जानी आवश्यक है।

(1) वर्णन (विशद) करें—जब प्रश्न में किसी घटना, प्रसंग या तथ्य का संक्षेप में वर्णन करने को कहा जाए तो घटना या प्रसंग का सम्पूर्ण वर्णन, नाम, पहचान सहित विशिष्ट मुद्दे लिखे जाने चाहिए।

(2) सारांश लिखकर निष्कर्ष दें—संक्षेप में वर्णन के साथ उदाहरण एवं महत्त्वपूर्ण तथ्यों को लिखकर निष्कर्ष या उद्देश्य लिखना चाहिए।

(3) तुलना करें—जिनमें तुलना करनी है उनके माध्यम, दृष्टिकोण, हेतु भावना कल्पना विचार इत्यादि में समानता और विभेद दर्शाना आवश्यक होता है।

(4) भेद दर्शाएँ—उपरोक्त तुलना में यह प्रश्न समाहित है। केवल यह दीर्घ उत्तर में लिखना होगा। यहाँ समानता दर्शाना अनावश्यक है।

(5) व्याख्या करें—निहित भाव एवं चिन्तन की व्याप्ति, आवश्यक गुण, प्रवृत्तियाँ एवं विशिष्टताओं का चित्रण और सरलार्थ इस उत्तर में अन्तर्हित होगा।

(6) आलोचना करें—गुण दोषों की चर्चा एवं परीक्षण और निष्कर्ष में अपना अभिमत तर्क सहित देना आलोचना करना है।

(7) विवरण दें—प्रकृति, स्वभाव एवं प्रवृत्ति के साथ पाठ्यांश से मिलनेवाली सीख जो उद्देश्य स्पष्ट करे चित्रित करना होता है।

(8) चर्चा करें—तर्कों द्वारा परीक्षा, टिप्पणियाँ, अभिमत देना इसके अन्तर्गत आता है।

(9) मूल्य प्रतिपादित करें—किसी मान्यता, कल्पना या चिन्तन का महत्त्व आवश्यकता और उपयोजन के प्रति अपने और विद्वतजन सम्मत विचारों की अभिव्यक्ति करना होता है।

(10) चित्रण करें—विशिष्ट उदाहरण तथा मान्यताओं को स्पष्ट करना आवश्यक होता है।

(11) सिद्ध करें—किसी मनोवैज्ञानिक या भौतिक सत्य को साक्ष्य या प्रमाण से सिद्ध करना। सशक्त तर्कों से प्रतिपादित करना। अपने अभिमत से सिद्ध करना, ऐसे उत्तर में आवश्यक होता है।

(12) खाका खींचें—सर्वसामान्य चित्र, विवरण या रिपोर्ताज देना। किसी घटना, विषय, प्रसंग या मान्यता को स्पष्ट करना इसके उत्तर में समाविष्ट होता है।

(13) प्रतिपादन करें—किसी कथन या निष्कर्ष की सत्यता की जाँच करके प्रश्न में निहित उसका महत्त्व सिद्ध करना।

(14) समझाएँ—किसी पाठ्यांश का अनुवाद, स्पष्टीकरण, तात्पर्य और भावार्थ का सरलीकरण करके स्पष्ट करना।

(15) सम्बन्ध सिद्ध करें—प्रसंग, घटना, व्यक्ति, कार्य कारण और परिणामादि का सम्बन्ध सिद्ध करना, इसके उत्तर में आता है।

(16) गवेषणा (शोध) करें—इसे अंग्रेजी में 'रिव्यू' कहा जाता है। किसी घटना, कार्य, कल्पना, भावना, चिन्तन आदि का आलोचनापूर्ण विवेचन जैसे चर्चा चित्रीकरण सारांश लेखन साथ ही मूल्यों का परीक्षण स्थापना का प्रयास इसके उत्तर में अपेक्षित है। तर्क-वितर्क, मीमांसा इसी में समाहित है।

(17) अन्वेषणात्मक टिप्पणी—किसी घटना, इतिहास का मान्य कल्पना या चिन्तन पर असर। लोकजीवन और परिवर्तनात्मक परिणामों की परीक्षा इसके उत्तर में समाई होती है।

साधारणतः सभी प्रश्न उपरोक्त आशय में समाविष्ट होते हैं, अतः ठीक से समझकर उत्तर लिखें।

उत्तर लिखने से पूर्व की सावधानी

(1) हम एक बात दुहरा रहे हैं, प्रश्न से सम्बद्ध उत्तर की सभी संकल्पनाएँ, मान्यताएँ, अवतरण, उद्धरण और आवश्यक सामग्री उत्तर पुस्तिका के अन्तिम पृष्ठ पर 'कच्चा काम' लिखकर शीघ्रतापूर्वक सांकेतिक शब्दों में स्मरणार्थ लिख लें। उत्तर लिखे जाने के बाद वह पृष्ठ काट दें, यह सब एक दो मिनट में हो जाना चाहिए।

(2) उत्तर लिखते समय प्रस्तावना को सूत्र वाक्य में यानी समास शैली में लिखकर प्रारम्भ करें या निष्कर्ष रूप में सूत्र वाक्य अन्त में आने दो, यह व्यास शैली है। जो तरीका तुम्हें ठीक लगे अपनाएँ।

विज्ञान और गणित में ऐसी शैली नहीं होती। जिस प्रकार पुस्तक में विषय सोपान समझाए होते हैं उसी प्रकार चलना पड़ता है। आकृति उदाहरण सभी पाठ्यपुस्तकानुसार होते हैं।

(3) उत्तर लिखते समय कोई मुद्दा छूटे नहीं इसका ध्यान रखना पड़ता है। वाक्य विन्यास, वर्तनी, विराम-चिह्नों का प्रयोग लिखते समय ठीक से ध्यानपूर्वक किया जाना चाहिए। उत्तर पूरे लिखे जाने पर अन्त में पुनः जाँच लेना जरूरी है।

आवश्यक जानकारी लिखी जानी चाहिए। अनर्गल, असम्बद्ध जानकारी विषयान्तर करेगी और इससे परीक्षार्थी के प्रति परीक्षक की धारणा बिगड़ती है। साधारणतः परीक्षक अनुभवी होते हैं और उन्हें उत्तर की मुद्रित प्रतियाँ दी जाती हैं। अतः लचर गद्यबाजी से बचें। अनावश्यक विस्तार उत्तर का प्रभाव कम करता है।

(4) एक बात स्मरण रहे कि कोई उद्धरण या अवतरण देना हो तो वह लेखक या कवि के शब्दों में ज्यों का त्यों हो। कभी-कभी यदि उद्धरण याद न आए तो आप आशय स्पष्ट कर दिया जाए।

उद्धरण, लेखन सौन्दर्य, अभिव्यक्ति की पूर्णता, परिणाम की सटीकता और उत्तर की सर्वांग स्पर्शिता के लिए आवश्यक होते हैं। उनका प्रयोग यथास्थान अवश्य होना चाहिए।

उत्तर लिखते समय छोटे वाक्य लिखे जाएँ, क्योंकि लम्बे वाक्य लिखते समय कर्त्ता और कर्म के साथ संगति बिठाने में कठिनाई हो सकती है। अतः छोटे वाक्यों में अपना अभिप्राय स्पष्ट करें। आवश्यक पारिभाषिक शब्दों का प्रयोग उनका आशय समझकर, स्पष्ट करते हुए, लिखना चाहिए। अनुमान से किसी शब्द का प्रयोग न करें।

अज्ञान को छिपाने के लिए व्यर्थ का विवेचन न करें। उत्तर के अन्त में उपसंहार संक्षेप में लिखकर समाप्त करें।

समय की कमी में क्या करें?

पिछले अध्याय में हमने समयाभाव से प्रश्न का उत्तर न छूटे इस पर ध्यानाकर्षित किया है और इसे दुर्भाग्यपूर्ण स्थिति बताया था। तथापि किसी कारणवश यदि ऐसा हो जाए तो कम समय में इस अन्तिम छूटनेवाले प्रश्न के उत्तर में पूरी जानकारी लिख दें। ऐसे में जानकारी से सम्बद्ध मुद्दे, सम्पूर्ण उत्तर का खाका, सार संक्षेप और निष्कर्ष लिख देना चाहिए। परीक्षकगण की समझ में यह शीघ्र आ जाता है कि परीक्षार्थी उत्तर जानता है, मगर समयाभाव से निबन्धात्मक रूप में नहीं लिख पाया है, और उत्तर पर वे बिना कटौती के अंक दे देते हैं।

तथापि परीक्षा देते समय समयाभाव से कोई उत्तर लिखना न छूटे। यह दुखद स्थिति है, जिसके लिए सारा जीवन पश्चाताप होता रहता है। दूसरी बात यह स्मरणीय है कि पाठ्यांश पूरा का पूरा अध्ययन के लिए निर्धारित करें। किसी अंश, कवि, लेखक या विषय, अध्याय आदि को छोड़ें नहीं। पूरा अध्ययन परीक्षा को सरल बनाता है। वर्ष भर का समय आपके पास है, उसका पूर्ण उपयोग करें, ताकि परीक्षा में अपनी सर्वोत्कृष्ट प्रतिभा का प्रदर्शन कर सकें।

उक्त निर्देशों का पालन करें और परीक्षा में सफलता प्राप्त करें।

16

वस्तुनिष्ठ प्रश्नपत्र हल करने के तरीके

निबन्धात्मक प्रश्न हल करने के तरीकों पर पिछले अध्याय में विचार करने के पश्चात् वस्तुनिष्ठ प्रश्न कैसे हल किया जाएगा, इस पर अब विस्तारपूर्वक चर्चा कर रहे हैं।

यूँ तो वस्तुनिष्ठ प्रश्नों में बहुत से प्रकार के प्रश्न समाहित होते हैं यथा बहुपर्यायी चयन, सही गलत, जोड़ियाँ लगाना इत्यादि। बहुपर्यायी चयन में कई सम्भाव्य उत्तरों में से एक सही उत्तर चुनना पड़ता है। एक प्रकार से यह खंडन-मंडन ही है।

परीक्षक द्वारा सही उत्तर पर पूरे अंक देने ही पड़ते हैं। निबन्धनात्मक प्रश्नों के उत्तरों की तरह इसके उत्तर अनुमान पर आधारित और सर्वांग पूर्णता की अशक्यता के कारण इस पर दिए अंकों में कोई कटौती सम्भव नहीं होती।

या तो पूर्ण अंक दिए जाते हैं या शून्य दिया जाता है।

वस्तुनिष्ठ उत्तरों में खंडन का महत्त्व

वस्तुनिष्ठ प्रश्नों को हल करते समय खंडन (बहिष्कार) प्रक्रिया किस प्रकार प्रयोग की जाती है, यह समझ लेनी चाहिए। केवल खंडन या निरस्त कर सकनेवाले परीक्षार्थी ही ऐसे प्रश्नों का उत्तर आसानी से खोज लेते हैं।

यदि पर्यायी चयन में चार उत्तर हों और उनमें से एक निरस्त किया तो तीन उत्तर बाकी रहेंगे। पहले चार पर्याय में आपके सही रहने की पचीस प्रतिशत सम्भावना थी, अब तीन पर्याय रहने से तैंतीस प्रतिशत सम्भावना बढ़ गई।

जब आपको केवल दो पर्याय में से एक का चुनाव करने होंगे, तब आपकी सही रहने की सम्भावना पचास प्रतिशत होगी और अन्त में जब आप एक पर्याय पर स्थिर हो जाएँगे तब आपका सही हल आपको सौ प्रतिशत अंक दिलाएगा।

अपने अनुमान से सही उत्तर खोज लेना ही वस्तुपरक प्रश्न का उद्देश्य है।

सही पर्याय की खोज

जब अनेक पर्यायी उत्तर दिए हों तब अनुमान से सबसे गलत लगने की सम्भावना वाला

उत्तर निरस्त करें। फिर जो और गलत लगता हो उसे निरस्त करें। अब केवल दो पर्याय रहेंगे। इनके प्रति अनुमान लगाना शुरू करें। अब जिसके प्रति कोई शंका न रहे उसे चुन लें।

पहला उदाहरण–हिन्दी साहित्य में रीतिकाल निम्न में से किस सम्वत् में आरम्भ हुआ था।

(अ) सम्वत् 1050 (ब) सम्वत् 1375 (स) सम्वत् 1700 (द) सम्वत् 1800।

सम्वत् और ईस्वी में 57 वर्ष का अन्तर होता है। सम्वत् 1050 का ईस्वी 1107 होता है। रीतिकाल भक्तिकाल के बाद का है। भक्तिकाल में सूर, तुलसी, कबीर जैसे सन्त कवि हुए थे।

तुलसीदास जी के स्वर्गवास के समय का दोहा प्रसिद्ध है।

सम्वत् सोलह सौ असी, असी गंग के तीर
श्रावण शुक्ला सप्तमी तुलसी तज्यौ शरीर।

तात्पर्य महाकवि तुलसीदास सम्वत् 1680 तक जीवित थे। तात्पर्य सम्वत् 1680 तक भक्तिकाल था ही।

अब सम्वत् 1050 और 1375 निरस्त होंगे।

अब दो सम्वत् बचे। सम्वत् 1700 या 1800।

सम्वत् 1700 या सन् 1757 एक ही वर्ष है। सन् 1757 आज से पचास वर्ष पूर्व का काल है, यदि रीतिकाल सन् 1757 में प्रारम्भ हुआ तो आधुनिक काल कब प्रारम्भ होगा। इसलिए सम्वत् 1700 भी निरस्त होगा। अब शेष रह गया है सन् 1800 अर्थात् (द) सही होगा।

दूसरा उदाहरण–संयुक्त राष्ट्र अमेरिका के कौन से अध्यक्ष थे, जिन्होंने स्त्रियों को प्रथम बार अमेरिकन कैबिनेट में नियुक्त किया था?

(1) अब्राहम लिंकन (2) रुज़वेल्ट (3) हवर्टि हूअर (4) जिमी कार्टर।

अब्राहम लिंकन को पहले निरस्त करो। सन् 1880 में स्त्रियों को मतदान तक का अधिकार न था। उन दिनों रीति-रिवाजों के कारण स्त्रियों को अधिकार नहीं थे जो आज हैं। आज स्त्रियाँ स्वतन्त्र हैं। फिर इतिहास का मामूली जानकार भी कह सकता है कि जिमी कार्टर के समय तक जमाना बहुत आगे बढ़ गया था। स्त्रियों को इतने समय तक अधिकारों से वंचित नहीं रखा जा सकता था। अतः जिमी कार्टर निरस्त होंगे। अब रुजवेल्ट और हवर्टि हूअर बचे हैं।

अब इन दोनों में रुजवेल्ट परिवर्तनों के लिए विख्यात थे। उन्होंने जो परिवर्तन किए इसके लिए वे कुछ प्रशंसा तो कुछ निन्दा के पात्र बने थे। हवर्टि हूअर तो यथा स्थिति बनाए रखने के लिए विख्यात थे अतः परिवर्तन का काम रुजवेल्ट ही कर सकते थे, अतः (2) रुजवेल्ट सही उत्तर हैं।

पर्याय चयन का एक प्रकार

पर्याय चयन के प्रश्नों में कभी-कभी समान जाति के शब्दों को पर्याय तौर पर पूछने का चलन भी है

डॉक्टर : रोगी

(अ) मालिक : नौकर

(ब) वकील : मुवक्किल

(स) ड्राइवर : शराब

(द) पुजारी : भिखारी

डॉक्टर रोगी सम्बन्ध नीचे दिए पर्यायों में खोजना है।

डॉक्टर रोगी की सेवा करता है। पुलिस चोर की सेवा नहीं करती। उसी प्रकार मालिक नौकर की सेवा नहीं करता। ड्राइवर शराब पी ले तो दुर्घटना होगी और पुजारी भिखारी का सम्बन्ध मन्दिर के बाहर का है। डॉक्टर रोगी का सम्बन्ध, वकील मुवक्किल सा है। इसलिए पर्याय (ब) सही है।

इस प्रकार ऐसे प्रश्नों से घबराना नहीं चाहिए। ये प्रश्न आपके पाठ्यक्रम, पूर्ण अध्ययन और विशिष्ट विषय से सम्बद्ध होते हैं। साधारण तर्कपूर्ण अनुमान से सही पर्याय चुन लिया जाता है।

आपके सामान्यज्ञान और साधारण अनुमान पर ये प्रश्न आधारित होते हैं। इनमें सामान्यज्ञान और अनुमान शक्ति का परीक्षण होता है।

बाजार में प्रतियोगिता परीक्षा में सम्बन्धित अनेक पुस्तकें तथा पत्र-पत्रिकाएँ ऐसे प्रश्नों से भरी होती हैं। मनोरंजन के रूप में उन्हें हल करके अपने अनुमान और सामान्य ज्ञान में वृद्धि की जा सकती है।

गणित का पर्याय चयन प्रश्न देखें।

निम्न प्रश्न का सही उत्तर बिना गुणा करके बताएँ

238 × 505

(अ) 92,339

(ब) 120,190

(स) 22,610

(द) 219,676

एक मामूली प्रक्रिया करें। 8 और 5 का गुणा कर 0 वाली संख्या लाएगा। अतः (अ) और (द) निरस्त हो चुके हैं। फिर 100 का 238 में गुणा कर 23800 (अ) की संख्या से ज्यादा है। अतः (ब) ही सही संख्या होगी।

गणितीय अदृश्य संख्या लिखना

यह संख्या जोड़, घटाना, गुणा, भाग के आधार पर ढूँढ़ी जाती है।

(1) **गुणा का उदाहरण**–1,2,6, 0, 120,720,5040

0 की जगह सही संख्या लिखें।

गुणा चढ़ते क्रम से किया गया है। 1 × 2 =, 2 × 3 = 6, 6 × 4 = 24 अतः अदृश्य संख्या 24 होगी।

(2) जोड़ का उदाहरण–

2,5,11, **0,** 47,95,191

यहाँ जोड़ की संख्या अदृश्य है क्योंकि 2 और 3 मिलकर 5,5 और 6 मिलाने से 11 और 11 में 12 मिलाने से 23 संख्या ज्ञात होगी। इसी प्रकार 23 और 24 मिलाने से 47 संख्या होगी। अतः अदृश्य संख्या 23 होगी।

(3) अन्तर (घटाव) का उदाहरण–

96,92,86 **0,** 68,56,42

0 की जगह सही संख्या लिखनी है।

पहले 96 और 92 का अन्तर देखें, 4 का है, फिर 82 और 86 में 6 का फर्क है। अतः 86 से अगली संख्या में फर्क 8 का होगा। यहाँ घटाना बढ़ते क्रम से है। अतः अदृश्य संख्या 78 होगी। 78 में 10 घटाने से 68 आ रहे हैं।

(4) गुणा का उदाहरण–10,20,60,240 **0,** 7200,50400

यहाँ पहले 2, फिर 3 फिर, 4 से दी संख्याओं से गुणा का है। 240 से 5 का गुणा 1200 होगा यही वांछित संख्या है।

इसी प्रकार अनुमान द्वारा यह पता लगा लेना चाहिए कि संख्याओं में फर्क जोड़, घटाव, गुणा या भाग में से कौन-सा है? इस प्रकार विद्यार्थी की अनुमान शक्ति का (दिए समय में) पता लगाया जाता है। प्रश्न अनेक होते हैं। अक्सर स्पर्धा परीक्षा में वस्तुनिष्ठ प्रश्न ही पूछे जाते हैं। जोड़ा बनाना आदि।

वस्तुनिष्ठ प्रश्नों में यह भी एक महत्त्वपूर्ण प्रकार है। अनुमान द्वारा सजातीय जोड़ियाँ बनाई जाती हैं।

(अ) सेनापति	(i) जनता
(ब) मुखिया	(ii) पंचायत
(स) सरगना	(iii) सेना
(द) नेता	(iv) गुंडादल

यहाँ अलग-अलग उद्देश्य वाले मनुष्य समूहों के नाम तथा उनके प्रमुखों के नाम दिए गए हैं। सेनापति सेना प्रमुख, मुखिया पंचायत, सरगना गुंडादल तथा नेता जनता के प्रमुख होते हैं। अतः उत्तर निम्न होगा–(अ) (iii), (ब) (ii), (स) (iv), (द) (i)

इसी प्रकार अपठित गद्यांश से भी प्रश्न पूछे जाते हैं। दिए गद्यांश में आधारित प्रश्नों के उत्तर निहित होते हैं। गद्यांश ध्यान से पढ़कर उस पर आधारित प्रश्न भी पढ़ें, इस प्रश्न में भाषा को और उसमें अन्तर्हित आशय को हृदयंगम करने की शक्ति को परखा जाता है।

अपठित गद्यांश में उपयोग किए शब्दों को उत्तर में समाहित न करके अपने शब्दों में उत्तर देना होता है। भाषा गद्यांश को स्पष्ट करनेवाली होनी चाहिए।

अपठित गद्यांश (परिच्छेद)

''कभी-कभी धर्म और सत्य पर चलनेवालों को मौत तक की सज़ा दे दी जाती है। सहस्रों वर्ष पूर्व ग्रीस देश में एक दार्शनिक सुकरात हुआ था। वह सत्यवादी था उसे कानूनी आज्ञा का पालन करते हुए विष पीना पड़ा। इसी प्रकार सामाजिक एवं धार्मिक दुराचारों का विरोध करने के लिए ईसा मसीह को सूली पर चढ़ाना पड़ा। गांधी जी ने अपने जीवन की बाजी लगाकर साम्प्रदायिता को मिटाने का बीड़ा उठाया, और मनुष्य मात्र के प्रति प्रेम रखने का दंड उन्हें सीने पर गोलियाँ खाकर, मृत्यु को अपनाकर देना पड़ा। डॉ. मार्टिन लूथर किंग ने भी काले गोरे का भेद मिटाने के लिए अमेरिका में आन्दोलन छेड़ा था और उन्हें भी मृत्यु को वरण करना पड़ा। इन दृष्टान्तों से जान पड़ता है, इस संसार में न्याय और धर्म को माननेवाले महापुरुषों को यूँ ही जान गवानी पड़ती है।''

संसार की उन्नति में यही सोच रोड़ा बनता रहा है।

उपरोक्त गद्यांश पढ़कर उत्तर दें

(1) ग्रीस देश के विख्यात दार्शनिक का नाम जिसे अपने हाथों विषपान करना पड़ा था?

(अ) अरस्तु, (ब) प्लेटो, (स) सुकरात, (द) डायोनिसिस

(2) विष का प्याला उसे इसलिए पीना पड़ा क्योंकि वह

(अ) झूठ बोलता था (ब) लोगों को बहकाता था
(स) सत्यभाषी था (द) चुप रहता था,

(3) सत्य और सदाचार के लिए किसे सूली पर चढ़ना पड़ा?

(अ) सुकरात (ब) गांधी (स) ईसा (द) मा.लू. किंग

(4) (क) दुराचार का विलोम लिखो।
(ख) दुराचार का सन्धि विच्छेद करो।

(5) दृष्टान्त का सही अर्थ क्या है?

(अ) दृष्टि (ब)दृष्टि का अन्त (स) दर्शक (द) उदाहरण

(6) सामाजिक में कौन सा प्रत्यय है?

(अ) आ (ब) रा (स) इक (द) जिक

(7) क्या इतिहास में कोई ऐसा अन्य महापुरुष तुम्हें ज्ञात है, जिसे सूली पर चढ़ना पड़ा हो? नाम लिखकर सूली पर चढ़ने का कारण स्पष्ट करे।

उत्तर– (1) ______________ (4) ______________
(2) ______________ (5) ______________
(3) ______________ (6) ______________
(7) ____

17

अध्यापकों द्वारा प्रश्नपत्र की रचना कैसे?

परीक्षा किसी आपत्ति से कम नहीं, क्योंकि मूर्ख से मूर्ख व्यक्ति भी ऐसे सवाल रख सकता है जिसका उत्तर होशियार से होशियार को भी न सूझे—*चार्ल्स कोल्टन*

साधारणतः कुछेक परीक्षक ऐसे भी होते हैं, जो विद्यार्थियों को क्या आता है कि अपेक्षा क्या नहीं आता है, की परीक्षा करते हैं। वे प्रश्नपत्र को अपनी बुद्धिमत्ता की कसौटी मानकर विद्यार्थियों के लिए परीक्षा के माध्यम से एक आवाहन प्रस्तुत करते हैं और चाहते हैं कि प्रश्नपत्र हल करनेवाले उनकी अक्ल का लोहा मान लें।

परन्तु यह सोच पूर्णतः गलत है। परीक्षा का प्रश्नपत्र इसलिए नहीं निकाला जाता कि विद्यार्थियों को अनुत्तीर्ण करना ही एकमात्र उद्देश्य होता है।

ऐसे परीक्षक जिनका कोल्टन ने ऊपर उल्लेख किया है, यदि कहीं पाए जाते हैं तो हर्ष का विषय यह है कि उनकी संख्या सीमित है और परीक्षक जो अनुभवी और शिक्षा का मर्म समझते हैं, अधिक हैं,

परीक्षा का उद्देश्य

परीक्षक और प्रश्नपत्र तैयार करनेवाले अध्यापक अनुभव सिद्ध व्यक्ति होते हैं। नए, अनुभवशून्य, अधकचरे विचारोंवाले अध्यापकों को यह कार्य नहीं दिया जाता। जिन्हें प्रश्नपत्र निकालने का काम दिया जाता है, उन्हें स्पष्ट निर्देश होते हैं—

(1) प्रश्नों की संख्या समयानुसार सीमित हो।
(2) प्रश्नों में पाठ्यक्रम का अधिकाधिक भाग समाहित हो।
(3) परीक्षार्थी को उत्तीर्ण होने में सफलता का अनुभव हो।
(4) सभी परीक्षार्थी उच्चांक प्राप्त करें, प्रश्न इतने सरल न हों।
(5) पिछले वर्ष के प्रश्नपत्र के प्रश्नों को न दुहराया जाए।
(6) अंकों का विभाजन स्पष्ट होना चाहिए।
(7) प्रश्नों के उत्तर समान से हों (मुद्दे समान हों)। उत्तरों में द्विरुक्ति न हो।
(8) परीक्षार्थी को क्या जानकारी अनिवार्य है, उस पर प्रश्नाधारित हों।
(9) असामान्य प्रश्न पत्र तैयार न करें।

इसके बाद एक मॉडरेटर (सामान्यता लानेवाला अध्यापक) दो परीक्षकों पर नियुक्त होता है। वह एक साथ दो अलग-अलग प्रश्नपत्र दोनों परीक्षकों से तैयार करवाता है। फिर इन दो प्रश्नपत्रों से वह एक सामान्य प्रश्नपत्र तैयार करता है। मॉडरेटर, अनुभवी व्यक्ति होता है और वह उपरोक्त निर्देशों पर चलता है। इसी प्रकार और एक मॉडरेटर भी एक प्रश्न-पत्र तैयार करता है। ये दोनों प्रश्नपत्र दो मॉडरेटर ही जानते हैं। किन्तु प्रश्नपत्र तैयार करनेवाले को यह नहीं मालूम होता की कौन-सा प्रश्न पत्र निरस्त हुआ है यह नहीं जानते। अब इन दो मॉडरेटर के द्वारा तैयार प्रश्नपत्र, किस वर्ष कौन सा वार्षिक परीक्षा के लिए है या कौन-सा पूरक के लिए है, यह तो वे मॉडरेटर भी नहीं जानते। परीक्षा की गोपनीयता बनाए रखने के लिए यह तरीका अपनाया जाता है। परीक्षा में औसत छात्र उत्तीर्ण हो यह उद्‌देश्य होता है। साधारणतः तृतीय श्रेणी और प्रथम श्रेणी के छात्रों की संख्या का प्रतिशत समान माना जाना है और अधिकतर छात्र द्वितीय श्रेणी में उत्तीर्ण होते हैं यह मानकर प्रश्न पत्र रचा जाता है।

परीक्षा, परीक्षक की परीक्षा भी लेती है

परीक्षक वह अध्यापक होता है, जिसका कर्त्तव्य विद्यार्थियों को पढ़ाना होता है। पाठ्‌यक्रम को समझना, पाठ्‌यक्रम पर आधारिक प्रश्न हल करवाना, समय-समय पर उनके लिखित कार्यों को जाँचना और विद्यार्थी की प्रगति पर ध्यान रखना होता है।

परीक्षा का प्रश्न, विद्यार्थी ने क्या सीखा है इसकी ही परीक्षा नहीं लेता है बल्कि उसे क्या सिखाया गया है, यह भी जाँचता है। साधारणतः जिस विद्यालय या महाविद्यालय में विद्यार्थी अधिक अनुत्तीर्ण होते हैं उसका दोष उस विशिष्ट महाविद्यालय या विद्यालय तथा उन्हें पढ़ानेवाले अध्यापकों पर जाता है।

इसीलिए शिक्षा विभाग ऐसे अध्यापकों या शिक्षा संस्थानों को दंडित करता है। अनुदान कटौती, वेतनवृद्धि पर रोक या खराब परीक्षा परिणामों के लिए कार्यवाही की सूचना या दोष निदर्शन इसके अन्तर्गत ही दंड व्यवस्थाएँ हैं।

प्रश्न पत्र तय करते समय

प्रश्न पत्र तय करते समय पाठ्‌यक्रम के अन्तर्गत कोई भी निबन्धात्मक या वस्तुनिष्ठ प्रश्न न पूछकर, सामान्य प्रश्न पूछे जाएँ। निबन्ध, अपठित परिच्छेद, पत्र और व्याकरण पर प्रश्न रखे जाएँ। प्रश्न सरल हों। किसी भी प्रकार छात्र अनुत्तीर्ण न हो। शिक्षा संस्थान की गलती का फल बेचारे छात्र क्यों भुगतें?

कहने का तात्पर्य यह है कि छात्रों को परीक्षा से किसी प्रकार की असुविधा की उम्मीद नहीं करनी चाहिए। अतः अनुभवी शिक्षक को ही प्रश्न पत्र तैयार करना चाहिए।

प्रश्न पत्र का निर्धारण

प्रश्न पत्र का निर्धारण विद्यार्थी की अभिव्यक्ति, स्मरण, अनुमान, आकलन, लेखन एवं

तर्क शक्तियों के लिए करना चाहिए।

साधारणतः निबन्धात्मक एवं वस्तुनिष्ठ प्रश्नों का समन्वय अच्छे प्रश्नपत्रों की पहचान होती है। पाठ्यक्रम का सम्पूर्ण समावेश प्रश्नपत्र में हो इसके लिए परीक्षक प्रथम तथा अन्तिम अध्याय पर प्रश्न अवश्य पूछते हैं, ध्यान रहे।

साधारणतः भाषा, इतिहास, सामाजिक शास्त्रों के प्रश्नपत्रों में निबन्धात्मक प्रश्न रखे जाते हैं। गणित और विज्ञान के लिए वस्तुनिष्ठ प्रश्न अधिकाधिक प्रयुक्त होते हैं।

पिछले अध्याय में दोनों प्रकार के प्रश्नपत्रों पर विस्तारपूर्वक चर्चा की गई है। दोनों के उद्देश्य अलग-अलग हैं इसलिए दोनों का संयोजन जरूरी है।

प्रश्नपत्र पढ़कर विद्यार्थी की प्रतिक्रिया

विद्यार्थी किसी पूर्वग्रह से किसी विषय के प्रश्नपत्र को कठिन या सरल न समझें। विद्यार्थी को दिए गए अंक उसकी अपनी कार्यकुशलता, अध्ययन सम्पन्नता और परीक्षा के लिए उत्तरों पर आधारित होते हैं।

यदि किसी प्रश्नपत्र में अंक कम आए हों तो, अपनी अध्ययन प्रणाली में फेरबदल करके उस विषय को आत्मसात करने की भरसक कोशिश की जानी चाहिए।

यदि आप दृढ़ संकल्प कर लें तो हर कठिनाई पार कर सकते हैं, स्मरण रहे। निराशा, उदासी या उत्साहहीनता को मन में न आने दें। ये अभिशाप हैं!

18

अध्ययन मंडल का आयोजन

अभी तक किसी भी विद्यालय में अध्ययन मंडल बनाकर विद्यार्थियों को परस्पर सहयोग द्वारा अध्ययन में प्रगति का प्रयास करते नहीं देखा गया है। यद्यपि अध्ययन मंडल के बहुत से लाभ हैं यह मानकर भी न अध्यापकों की इसमें रुचि है, न होशियार विद्यार्थियों की साधारणतः हमने अध्ययन को व्यक्तिगत प्रयासों से इस प्रकार निबद्ध कर डाला है, कि हम इसमें विद्यालय या महाविद्यालय से हटकर कोई सामाजिक सरोकार नहीं चाहते। अध्ययन को केवल मात्र व्यक्तिगत एकांतिक और स्पर्धा से संयुक्त करके हमने विद्यार्थियों को अकेले बैठकर अपने प्रयास से अपने को ही लाभ मिले, ऐसी स्वार्थी भावना से बाँध दिया है। इतना ही नहीं परीक्षा में अपने अंक अपने सहपाठियों से अधिक हों, इसके लिए विद्यार्थी अपने ज्ञान और जानकारी को छिपाने की ही कोशिश नहीं करते बल्कि अपने अध्ययन के तरीके, समय और योजनाओं को भी गुप्त रखते हैं। विद्यालय के कमज़ोर और पिछड़े छात्र अध्यापकों से मार्गदर्शन और ऐसे होशियार छात्रों से सहयोग न मिलने के कारण ही हीन भावना से ग्रस्त रहते हैं। वस्तुतः होशियार विद्यार्थी और अध्यापक दोनों मिलकर ऐसे पिछड़े छात्रों के लिए एक वास्तविक प्रेरणा और अध्ययन में उन्नति के कारण बन सकते हैं। यह अध्ययन मंडल कैसे संगठित हो और उसकी कार्यप्रणाली कैसे संयोजित हो इस ओर अध्यापकों को ध्यान देना चाहिए। यह एक सामाजिकता और समानता की अप्रत्यक्ष शिक्षा का माध्यम भी है। समाज में पिछड़े वर्ग के प्रति अगड़ों का व्यवहार कैसा हो? कैसे दूसरों की मदद की जाए? इस सेवा और समग्र दृष्टि की लोकोपकारी भावना को भी इस अध्ययन मंडल से प्रश्रय मिलता है। अध्ययन मंडल स्पर्धा की संकुचित भावना से हटकर लोकोपकारी चिन्तन की शिक्षा भी है।

अध्ययन मंडल कैसे बनें?

इस मंडल का निर्माण कक्षा में लगभग समान योग्यता के पाँच या छह विद्यार्थियों को लेकर किया जाना चाहिए। समान योग्यता इसलिए कि यदि किसी बहुत होशियार विद्यार्थी को पिछड़े विद्यार्थियों के साथ रखा जाएगा तो वे उस होशियार विद्यार्थी से इतना लाभ

नहीं ले पाएँगे, इसके विपरीत और हीनता की भावना से ग्रस्त होंगे। साथ ही मंडल बनाते समय इस बात का ध्यान रखना चाहिए कि विद्यार्थी एक-दूसरे के न गहरे दोस्त हों न एक दूसरे के शत्रु। वे सहपाठी हों और एक दूसरे के प्रति सजग हों ओर सहयोग की भावना रखें।

अध्ययन मंडल के कार्य

(1) अध्ययन मंडल की दो सभाएँ प्रति सप्ताह आयोजित हों। विद्यार्थी परस्पर एक-दूसरे से अपनी जानकारी का आदान-प्रदान करें। किसी पाठ्य विषय पर चर्चा करें। अपनी लिखी टिप्पणी और गृहकार्य को परस्पर दिखाएँ। यदि एक-दूसरे की कोई शंका हो तो परस्पर निरसन करें। यदि उनमें कोई होशियार छात्र हो तो उसके अध्ययन के समय, तरीके और प्रयास के बाबत आपसी चर्चा होनी चाहिए। इस मंडल की अपनी कठिनाइयों के हल के लिए अपने अध्यापक से भी सलाह लेनी चाहिए। अध्ययन मंडल पर प्रभारी शिक्षक की दृष्टि होनी चाहिए ताकि वह ठीक से काम करें।

(2) अध्ययन मंडल का नाम निर्देश करें। मंडलों के नाम विद्यासागर, रामानुजम्, रवीन्द्र, निराला, भाभा, रमण इत्यादि के नाम पर रखे जाएँ। इन महापुरुषों की जयंती या पुण्यस्मरण के लिए मंडल छुट्टी के दिन बौद्धिक कार्यक्रम आयोजित करे। भाषण देने का उपक्रम करें जिससे उन महापुरुषों के जीवन के आदर्श प्रगट हों। साथ ही छात्र वक्तृत्व भी सीखें।

(3) अध्ययन मंडल में विद्यार्थियों के सिवाय अभिभावकों को भी वर्ष में एक दो बार आमन्त्रित किया जा सकता है। अध्ययन मंडल के कामों से उन्हें अवगत् करना और उनसे प्रेरणा ग्रहण करना विद्यार्थियों को अध्ययन के प्रति सन्नद्ध और तत्पर बनाएगा, इसमें सन्देह नहीं।

(4) अध्ययन मंडल में हर विद्यार्थी अपनी कुशलता, योग्यता, जिम्मेदारी और सहकार क्षमता का परिचय दे। अध्ययन को स्पर्धा का एकांगी और स्वार्थी विषय न बनाकर, अध्ययन के प्रति गोपनीयता न रखना ही इसका ध्येय है। जो हमें ज्ञात है वह सबको लाभ पहुँचाए इस उद्देश्य से यह संचालित किया जाना चाहिए। अध्यापक की उपस्थिति में होशियार छात्र को एकाध पाठ्यांश अपने सहयोगी विद्यार्थियों को समझाने की कोशिश करनी चाहिए। अध्यापक की निगाह रहने से पाठ्यांश को समझाने का तरीका सरल और सहज बनेगा। एक स्वस्थ स्पर्धा के साथ उत्प्रेरणा का अवसर भी छात्रों को प्रगति में सहायक होगा।

(5) अध्ययन मंडल का संचालन एक समय सारिणी से हो। किसी विषय की चर्चा कब कितने समय तक होगी, इस पर चर्चा से ही कार्यक्रम तय करें। यह समय सारिणी एक माह के लिए हो। इसमें लचीलापन हो। प्रगट छात्र

अध्ययन के लिए क्या कर रहे हैं? कैसे कर रहे हैं? कौन सी पुस्तकों का सन्दर्भ कहाँ से एकत्र कर रहे हैं? यह सब अपने सहपाठियों को बताएँ। पूरे कक्षा की मासिक सभा एक दिन तय हो और सभी अध्ययन मंडल के प्रतिनिधि विद्यार्थी अपने-अपने मंडल के कार्य, विशिष्ट छात्रों की प्रगति और कार्यकुशलता का संक्षेप में प्रस्तुत करें। सभी अध्यापक उनका मार्गदर्शन कर इस उपक्रम में सहायक हों। समय सारिणी समयानुसार या आवश्यकतानुसार बदली जा सकती है।

(6) अध्ययन मंडल परस्पर एक-दूसरे की सहायता, मार्गदर्शन और प्रगति का सहकारी प्रयास है। इससे पिछड़े छात्र और सामान्य छात्र अत्यधिक लाभान्वित होते हैं। मंडल के कारण अध्ययन का लाभ तो होता ही है, एक उदार भावना भी परस्पर पनपती है, जो हमारे छात्रों को निःस्वार्थ भाव से सेवा कार्य करना सिखाती है। स्वार्थी गोपनीयता के कारण स्वार्थ विकसित होता है और सामाजिक विषमता, परस्पर विरोध और संघर्ष को प्रश्रय मिलता है। शिक्षा का तात्पर्य विच्छिन्न होकर एक असामाजिक बोध व्याप्त होता है वह अलग।

(7) अध्ययन मंडल से छात्रों को परीक्षा के प्रति सामूहिक लाभ होता है। सभी मिलकर परीक्षा के प्रश्नों का अनुमान लगाते हैं। उनके उत्तर कैसे हों? इस पर चर्चा होती है। कोई विद्यार्थी कुछ हल किए प्रश्न भी बताता है। एक मंडल के पाँच-छह विद्यार्थी अलग-अलग प्रकार के कार्य करके आपसी सहयोग से एक-दूसरे को अवगत् कराते रहते हैं और हर छात्र अपने पिछड़ेपन को जानकर अध्ययन में प्रगति के लिए कमर कस लेता है। एक जिम्मेदार और कुशल छात्र दूसरों के लिए भी उदाहरण बनकर उनकी प्रगति में सहायक बनता है।

एक स्वस्थ स्पर्धा की भावना इस सहयोग पूर्ण वातावरण में पनपती है।

19

अध्ययन की थकान और निवारण

एक लकड़हारा सात दिनों से निरन्तर लकड़ी काट रहा था। आठवें दिन न लकड़ी कट रही थी, न उसकी इच्छा ही थी कि वह काम जारी रखे। सारा शरीर थकावट से चूर-चूर हो रहा था। उसने उस दिन काम बन्द कर दिया। वह आराम करने लगा।

उसने देखा कि उसकी कुल्हाड़ी का पैनापन भी खत्म हो गया था। आराम करने के बाद उसने पत्थर पर कुल्हाड़ी की धार घिसकर तेज की। अब वह तेज़ी से काम में जुट गया।

लगातार काम से जब निर्जीव साधन भी काम करना बन्द कर देते हैं, तो जीवित प्रणी क्यों नहीं? अध्ययन में भी थकान होती है। मानसिक आवेग यथा चिन्ता, उदासी के साथ लगातार का चिन्तन-मनन, एक से आसन पर लगातार बैठना, हमें थका देता है।

थकान एक स्वाभाविक प्रक्रिया है। थकान से मुक्त होकर हम अधिक उत्साह से कार्यरत होते हैं।

अध्ययन से होनेवाली थकान

अध्ययन से जो थकान होती है वह शारीरिक कामों से होनेवाली थकान से अधिक होती है। मानसिक चिन्ता या कार्यों से आदमी बिना कुछ किए बिस्तर पर पड़े-पड़े ही थकान महसूस करने लगता है।

अक्सर परीक्षा के दौरान विद्यार्थी, पीठ दर्द, सिर दर्द, आँखों में जलन और हरारत की शिकायत करते देखे गए हैं। मानसिक थकान शारीरिक थकन से अलग होती है। शारीरिक थकान कुछ देर आराम से दूर हो जाती है, परन्तु मानसिक थकान मानव मनोविज्ञान से सम्बद्ध होती है। थकान के मानसिक कारण से दूर होने पर ही वह दूर हो सकती है, इसलिए अध्ययन की थकान दूर करने के लिए शारीरिक और मानसिक दोनों थकन के कारणों को दूर करना पड़ता है। योग में आसान-प्राणायाम इसके योग्य उपचार माने जाते हैं। योग में आसन-प्राणायाम पर अनेकों पुस्तकें तथा चित्रावलियाँ उपलब्ध हैं, किन्तु आसन-प्राणायाम करते समय दो बातें स्मरण रखी जानी चाहिए।

(1) प्राणायाम यथा आसन करते समय चिकित्सक की सलाह ले लेनी चाहिए। जो

हृदय की कमजोरी या शिकायत अथवा दमे के मरीज हों, उनके लिए यह पूछताछ करके ही प्राणायाम या आसन करने चाहिए।

(2) प्राणायाम या आसन करते समय शरीर पर ज्यादा तनाव न पड़े। प्राणायाम के सात प्रकारों में आरोह, अवरोह जैसे प्राणायाम धीरे-धीरे किए जाएँ। बहुत देर तक कुम्भक करनेवाले व्यक्ति को साँस बाहर निकालने में पीड़ा होने लगती है। अतः रेचक के साथ प्राणायाम करना चाहिए तथा साँस ज्यादा देर रोकना ठीक नहीं होता।

आसन-प्राणायाम आराम से करने में शरीर में स्फूर्ति और चेतना का संचार होता है। शरीर के विशिष्ट अंग में दर्द हो तो उसके लिए योग्य आसन चुना जाए। कमर, पीठ दर्द के लिए भुजंगासन, पेट दर्द के लिए सर्वांगासन और शरीर में स्फूर्ति के लिए शवासन ठीक समझे जाते हैं। आसन और उनके लाभ पुस्तक में दिए होते हैं।

श्वासन किसी भी समय किया जा सकता है। इसमें पूरे शरीर को, चित्त लेटकर, बगैर तकिया लगाए, ढीला छोड़ दें। पैरों में 30 मीटर की दूरी रखें। मन में ॐ का ध्यान करें फिर यह सोचें कि सारा शरीर ढीला हो रहा है। सबसे पहले पैरों को शिथिल करें, फिर हाथ, फिर वक्षादि को फिर आँखें बन्द करें। शिथिलीकरण यानी ढीलापन लाने के बाद फिर चित्त को शान्त करें, इस प्रकार बीस से पच्चीस मिनट लेटे रहने से मन और तन दोनों आराम पाकर स्वस्थ होने लगते हैं। कुछ ही देर में परिणाम की अनुभूति होने लगती है। कुछ अन्य तरीके भी अपनाएँ।

किसी ने ठीक कहा है, व्यायाम से चिन्ता दूर होती है। यदि थकान मानसिक हो तो उसे तनाव की संज्ञा दी जानी चाहिए। इसको दूर करने के लिए निम्न तरीके प्रयोग में लाए जाते हैं।

(1) **नींद**–कोई बीस मिनट की झपकी या आँखें बन्द कर मन को ईश्वरीय ध्यान में लगा देना यह हर थकान को दूर कर देता है। यदि फिर भी थकान पीछा न छोड़े तो नींद लेना जरूरी है। प्रतिदिन कम-से-कम छह घंटे नींद आवश्यक होती है।

(2) **पेय**–दूध या फलों का रस भी फौरन थकान कम करता है।

(3) **खुली हवा**–कुछ देर के लिए हवा में टहलकर भी थकन दूर की जा सकती है। चलते वक्त गहरी साँस लें।

(4) **चित्त**–मन को दूसरी तरफ लगाना मित्रों या पारिवारिक सदस्यों से मिलना जुलना, अपनी समस्या की चर्चा अपने से बड़ों को बताकर उनकी अनुभव सिद्ध सलाह लेना जरूरी है। संगीत या टी.वी. देखना अथवा कुछ देर अन्य मनोरंजन के कार्यों में संलग्न होना भी थकान दूर करता है।

(5) **प्रार्थना**–ईश्वर से शक्ति माँगें। थोड़ी देर में आपको लगेगा आपके शरीर में शक्ति संचरण प्रारम्भ हो गया है तथा आप आनन्द एवं स्फूर्ति से भर रहे हैं।

(6) **यदि बाहर न जा सकें**–यदि बाहर न जा सकें तो कमरे की खिड़कियाँ दरवाजे

खोल दें। कुर्सी पर बैठे-बैठे दोनों पैर घुटनों से सीधे ऊपर पेट की सीध में उठाएँ। दोनों हाथ सीधे ऊपर, साथ में नीचे ऊपर करें। दस-बीस बार यह क्रिया दुहराएँ। मांसपेशियों को कुछ देर तानकर फिर ढीली छोड़ दें।

(7) **मन में तनाव मत पालें**–अधिकतर आशंकाएँ कम होती हैं। फिर अपने आपको साहसी और बहादुर समझें। आज के आज जो बढ़िया कर सकते हों करें। असफलता से नहीं डरें। बड़े-बड़े लोग असफल होकर फिर ऐसे सफल हुए हैं कि दुनिया ने दाँतों तले उँगली दबा ली। असामान्य लोग ही विशिष्ट होते हैं, वे ही साहस से असफलताओं को पार करके सफलता का वरण करते हैं। स्वयं को भी असामान्य और असाधारण समझें।

(8) **शारीरिक प्रक्रियाओं में सामान्यता**–शारीरिक क्रिया जैसे शौच आदि समय पर पूरा करें।

(9) **पठन-पाठन**–अध्ययन के समय थकान मिटाने के लिए समय-सारिणी में बदलाव लाएँ।

(10) **थकान बढ़ने मत दो**–थकान को अपने ऊपर हावी न होने दें। थकान मन को निरुत्साह, चिन्ता, उदासी से बचाकर स्वयं को साहसी, कर्त्तव्यवान और आशावादी बनाओ।

थकान सिद्ध करती है कि तुमने जीवन को सफल बनाने में कोई कसर बाकी नहीं छोड़ी है। तुम्हारा संघर्षशील, अध्यवसायी चित्त तुम्हें सफल बनाकर ही रहेगा। यह तय है।

20

अभिभावक का सहयोग

आज अभिभावकों को अपने बच्चों की शैक्षिक प्रगति की बहुत चिन्ता है। अक्सर वे शिक्षकों और अपने बच्चों की आलोचना करते रहते हैं। उनके अनुसार शिक्षक अपना कर्त्तव्य पूरा नहीं करते हैं। वे छात्रों के प्रति गम्भीर नहीं हैं। उनका अध्यापन सन्तोषप्रद नहीं है। पाठ्यक्रम ठीक से समझा नहीं रहे हैं। विद्यार्थियों का लिखा गृहकार्य जाँचने में उन्हें कष्ट होता है। अक्सर वे ट्यूशन्स के लिए ही छात्रों को विवश करते हैं। आजकल शिक्षकों की दृष्टि धन कमाने की है।

इसी प्रकार कुछ अभिभावक अपने बच्चों की लापरवाही, अध्ययन में पिछड़ापन, आलस्य और मनोरंजन के लिए उनका घंटों टी.वी. देखते रहना इत्यादि बातों से परेशान रहते हैं। उनकी बातों में निराशा और किंकर्त्तव्यविमूढ़ता का कुछ ऐसा चित्रण होता है मानो इन सब शिकायतों का कोई हल नहीं है। अभिभावक जहाँ शिक्षक और बच्चों पर अपना दोषारोपण मढ़ते हैं। परन्तु उनकी अपनी इस दिशा में क्या भूमिका रहनी चाहिए इस पर ध्यान नहीं देते।

अभिभावक की भूमिका

अध्ययन के सरल-सहज तरीके हमने पिछले अध्यायों में वर्णित किए हैं। हमें विश्वास है कि छात्र अनुशासित होकर यदि उन तरीकों से अध्ययन करेगा तो वह अवश्य ही सफल होगा और परीक्षा में भी उसे अच्छे-से-अच्छे अंक मिलेंगे। अभिभावक हमारे बताए अध्ययन के तरीकों को पढ़कर अपने बच्चों को भी उन्हें समझाएँ। बच्चों की अध्ययन विषयक समस्याओं को समझकर उन्हें सुलझाने में सहयोग करें।

अभिभावक की भूमिका और दृष्टि केवल बच्चों के अध्ययन तक ही सीमित न रहे, वे उसे एक शिक्षित, सभ्य, कर्त्तव्य परायण और देश का जिम्मेदार नागरिक बनाने की भी सोचें।

इस प्रकार अभिभावक की दोहरी भूमिका है। छात्र अध्ययन में सफल हो, साथ ही उसमें मानवोचित मूल्यों का विकास भी हो। अध्ययन में सफल बड़े-बड़े विद्वान, डॉक्टर इंजीनियर धन कमाने की मशीन तो बन जाते हैं, लेकिन उनमें वह मनुष्यता नहीं

होती जो साधारण अपढ़ लोगों में पाई जाती है, अतः बच्चों में अध्ययन विषयक प्रगति के साथ मानवीय मूल्यों की उपासना और पूज्य भावना का संचार हो, यह देखना भी अभिभावकों का कर्त्तव्य है।

इस विषय में कुछेक सुझाव अभिभावकों के लिए दृष्टव्य हैं।

(1) **अपने बच्चे को अध्ययन के साधन और समय मुहैय्या कराएँ**–बच्चे को हर हालत में पुस्तक, कलम, पेंसिल, कॉपी और जो भी वस्तुएँ अध्ययन के लिए जरूरी हों तुरन्त उपलब्ध कराएँ। बिना पुस्तक, कलम, कापी के वह पढ़ाई में पिछड़ सकता है। यह अभिभावक की जिम्मेदारी है। साथ ही उसे यह पता न चलने दें कि आप आर्थिक रूप से अक्षम हैं। उसे कक्षा में, वह गरीब का बच्चा है यह अनुभव न होने दें। समाज में यह भेदभाव चल सकता है मगर कक्षा में समता का भाव होना चाहिए। छोटी-छोटी बात भी उसमें हीनता की भावना भर सकती है।

साथ ही उसे अध्ययन के लिए समय दें। उसके अध्ययन के समय उसे कोई काम न बताएँ। किसी भी समय उसे कोई भी काम बतलाकर उसके अध्ययन में रुकावट न डालें। वह पढ़ाई के प्रति एकाग्र नहीं हो सकेगा।

(2) **जब भी वह चाहे उसे अपना सान्निध्य दें**–संध्या समय या जब आप घर पर हों उसे पास बैठाकर उसकी विद्यालय सम्बन्धी या व्यक्तिगत बातें सुनें। उसे अच्छे सुझाव दें। उसके पास जो भी कहने को हो, उससे उगलवाएँ। उसे अपने मन की बात कहने का तरीका आना चाहिए। वह आपसे संगति न पाकर गलत संगत में जा सकता है। वह माता-पिता दोनों का सान्निध्य चाहता है, उसे केवल माँ के भरोसे न छोड़ें। उससे दैनिक घटनाओं के बारे में बात करें।

(3) **विद्यालय जाने का तरीका भी शिक्षा का अंग है**–लालबहादुर शास्त्री गंगा तैरकर विद्यालय में पहुँचते थे। बहुत से महापुरुषों ने विद्यालय पैदल पहुँचकर शिक्षा ग्रहण की। विद्यालय तक पहुँचने का मार्ग भी अन्तोगत्वा विद्यालय से सम्बद्ध है। कन्धे पर किताबों का बस्ता रखते ही शिक्षा शुरू हो जाती है। बच्चे को अधिक-से-अधिक साइकिल दीजिए। उसे कार या मोटर साइकिल या मोपेड न दें। अध्ययन के मार्ग दुष्कर हैं और इसी अवस्था में उसे हमेशा के लिए अनुभवों से कुछ सीखने दीजिए।

(4) **उसे स्वावलम्बी बनाइए**–उसे अपना कमरा साफ रखना सिखाइए। मेज़ पर उसकी किताबें और लेखन साहित्य अस्त-व्यस्त न पड़े हों। सब काम नौकरों के भरोसे मत डालिए। आजकल अभिभावक अपने वृद्ध माता-पिता को वृद्धाश्रम के हवाले कर देते हैं और बच्चे को नौकर के सुपुर्द, यह बुरी बात है। बच्चा घर पर कोई आत्मीयता नहीं पाता। बच्चे को नौकर के भरोसे छोड़कर निश्चिन्त नहीं रहना चाहिए।

स्वावलम्बन की शिक्षा हमारे देश में ही नहीं विदेशों में भी अनिवार्य मानी जाती है। जवाहरलाल नेहरू जब 'हैरो' में पढ़ते थे तब उन्हें अपने जूतों की खुद पालिश करनी पड़ती थी। उनके पिता मोतीलाल नेहरू ने उन्हें यह काम नौकर से करवाने को कहा। जवाहरलाल ने कहा, "यह हमारे शिक्षालय का कानून है, यह विद्यार्थी को ही करना होता है, और मैं इसे अवश्य करूँगा।"

(5) **उसे आम बच्चे की तरह रहना सिखाइए**–जीवन अनुभवों से समृद्ध होता है। विद्यालय की औपचारिक शिक्षा से अधिक अनौपचारिक शिक्षा से विद्यार्थी सीखता है। अपने बच्चे को यह कदापि मत बताइए कि वह बड़े बाप का बेटा है। महान कलाकार पृथ्वीराज कपूर के पुत्र राजकपूर जब विद्यार्थी थे, उनके पिता ने उन्हें कभी किसी भी अवस्था में विद्यालय में जाने के लिए 'कार' नहीं दी। एक बार बरसात में उन्हें विद्यालय जाना था, उनके पास छाता भी नहीं था। वे किताबों की ओट से सिर ढँककर दौड़ते हुए विद्यालय गए। इसी राजकपूर ने कहा था, "मैं पृथ्वीराज कपूर का बेटा कहलाकर सम्मान हासिल नहीं करना चाहता, मैं तो यह चाहता हूँ कि स्वयं मेरे पिता पृथ्वीराज कपूर, राजकपूर के पिता के नाम से विख्यात हों।" यह था वह स्वप्न जिसे पृथ्वीराज कपूर के दिए संस्कारों से राजकपूर ने पूरा किया।

और बरसात के ऐसे रोमांटिक अनुभवों से सम्पन्न होकर ही राजकपूर सदैव 'बरसात' की फैंटेसी में डूबे रहे। बच्चों को विशिष्ट बनाकर उसे बहुत कुछ सीखने से वंचित कर देते हैं।

शिक्षकों का सम्मान करना सिखाइए–विद्यार्थियों को जो शिक्षक अनुशासन सिखाते हैं, कुछ डाँट-डपट भी करते हैं ऐसे शिक्षकों से उन्हें घृणा होती है। कहीं आपका बच्चा इस भावना का शिकार न हो। उसे समझाइए कि शिक्षक उसकी भलाई के लिए ही डाँट रहे हैं। उसे यह भी बताइए कि वह डाँट खाने के बदले शिक्षक के मार्गदर्शन पर चले। यह डाँट-डपट उसके लिए भविष्य की तरक्की का रास्ता बनेगी और वह आगे ऐसे शिक्षकों को याद करेगा। यह याद रखे कि हमारी संस्कृति शिक्षक (गुरु) को देवता का दर्जा देती है। गुरु का सम्मान करती है। गुरु की सीख ईश्वरीय वरदान के समकक्ष मानी जाती है। और इसलिए गुरु पर श्रद्धा रखनी चाहिए।

(7) **उसके मित्रों पर ध्यान दीजिए**–उसे बुरी संगत से बचाइए। वह अच्छे मित्र बनाए। बुरी संगति से बहुत से छात्र नशा करने लगते हैं। चोरी और जुआ खेलते भी पाए जाते हैं।

अभिभावक के नाते उससे मित्रतापूर्ण व्यवहार करिए, ताकि वह अपनी त्रुटियाँ भी आपको बता सके। आपके साथ वह असहज महसूस न करे। उसकी बाहरी गतिविधियों पर ध्यान रखिए।

(8) **अपराध के लिए सज़ा दें**–आपका बच्चा संगति की वजह कोई अपराध करता

है, यदि आपको पता चल गया है तो उसको सज़ा का पात्र समझें। मामूली अपराध के लिए उसकी भर्त्सना करें। भविष्य में वह ऐसी गलती पुनः न करे। अमेरिका के एक गवर्नर की लड़की इसलिए पुलिस द्वारा पकड़ी गई कि उसने गलत भाषा का उपयोग किया था। जब उसके पिता को यह बात पता चली तो उन्होंने कहा, "उसे योग्य सज़ा मिलनी ही चाहिए। गवर्नर की पुत्री होने से वह कानून से कैसे बच सकती है?"

कुछ अभिभावक अपने बच्चे की गलती छिपाना चाहते हैं। यह गलत बात है, इससे बच्चा भविष्य में उससे बड़ी गलती या अपराध हो सकता है। उसे उसकी गलती या अपराध की सजा मिलनी ही चाहिए।

अक्सर कुछ बच्चे परीक्षा में नकल करते पाए जाते हैं। यह भी अपराध है। बच्चे को नकल न करने की सलाह दें। एक बार नकल पर विश्वास बैठ जाने के बाद वह न अध्ययन करेगा, न आगे की शिक्षा पूरी कर पाएगा।

(9) **महापुरुषों की आत्मकथाएँ एवं जीवनियाँ पढ़ने दें**–घर पर ऐसी किताबें रखें। उन्हें महापुरुषों की जीवनियों से नए-नए आदर्श और अनुकरणीय बातों की, जानकारी हो। गांधीजी ने भी बचपन में 'सत्य हरिश्चन्द्र' की कथा पढ़ी थी और जीवन भर उन आदर्शों का पालन करते रहे। इन आदर्श कथाओं से अवचेतन मन संस्कार ग्रहण करता है और बच्चा भविष्य में सच्चाई, ईमानदारी, धर्म और कर्त्तव्य के प्रति सजग रहता है।

(10) **नम्रता और परिश्रम सिखाएँ**–शिक्षा प्राप्ति के लिए आजकल धन आश्यक माना जा रहा है। किन्तु धन से खरीदी शिक्षा एक मर्यादा तक ही छात्र का भला कर पाती है। समाज और व्यक्तिगत भलाई के लिए मनोबल और चरित्र की दरकार होती है, रुपए देकर पाई गई डिग्रियाँ या व्यावसायिक शिक्षा इन गुणों से किसी छात्र को कदापि सम्पन्न नहीं कर सकती। सच्ची शिक्षा के लिए उसे नम्रता और परिश्रम करना सिखाइए। उसे बताइए इस दुनिया में कोई चीज या गुण बिना मुआवजा दिए नहीं मिलते। और उस मुआवजे का अर्थ हमेशा 'अर्थ' (रुपया) नहीं होता। कुछ विशिष्टताएँ श्रम, अनवरत अध्ययन, विनम्रता से ही प्राप्त होती है।

(11) **घर का वातारण प्रेम और आत्मीयता से युक्त हो**–अभिभावक को घर पर कोई चिन्ता, कलह या दुख का कारण उपस्थित नहीं होने देना चाहिए। बच्चे की माँ से लड़ाई या उसके भाई बहनों से दुर्व्यवहार बच्चे के मन में अपने पिता के प्रति असम्मान और विद्रोह जगाता है। अक्सर जो पिता अपने बच्चों या उनकी माता से दुर्व्यवहार करते हैं उनके बच्चे भी बिगड़ जाते हैं। अपराधी प्रवृत्ति, निर्दयता, झूठ बोलना और प्रेम की कद्र नहीं करना ये दुर्गुण पैदाइशी नहीं होते। बच्चा यह अभिभावक से ही सीखता है।

(12) **बच्चे का नाम मत रखिए**–अभिभावक अपने बच्चे से बहुत अधिक की

उम्मीद लगाए रहते हैं। उसे भविष्य में डॉक्टर, इंजीनियर और न जाने क्या-क्या बनने के स्वप्न दिखाते हैं। कक्षा में अंक कम मिलने पर उसे 'गधा', 'बेवकूफ' और न जाने क्या-क्या नाम देते हैं। अभिभावक को बच्चे की योग्यता उसकी रुचि, उसकी बौद्धिक क्षमता देखकर ही उससे आशा करनी चाहिए। यदि वह डॉक्टर, या इंजीनियर न भी बने तो क्या और दूसरे काम नहीं कर सकता? क्या इस संसार में ये केवल दो ही काम करनेवाले सफल माने जाते हैं? अभिभावक को किसी भी प्रकार से उसे अपने आत्मविश्वास से वंचित नहीं होने देना चाहिए। ऐसे व्यवहार से उसमें हीनता की भावना जागेगी। वह निराश हो जाएगा। अभिभावक का कार्य तो उसके हृदय को सहारा देना है। उसे प्रेरित करना है।

(13) **उसे असफलता से मत डराइए**–अभिभावक के भय और असफलता की निराशा बच्चों को तोड़कर रख देती है। अपने मासूम बच्चे पर अज्ञानवश ऐसा अन्याय कभी मत करिए।

(14) **महत्वाकांक्षा भी सुनिए**–उस पर अपनी इच्छा मत लादिए। वह किस विषय में रुचि रखता है, यदि वह तरक्की कर सकता है तो प्रेरित करिए। कभी पड़ोसी या अन्य बच्चे से उसकी तुलना मत करिए, न उसे हेय ठहराइए। किसी भी प्रकार से उसे हीनता की भावना का शिकार मत होने दीजिए। उसकी प्रगति की प्रशंसा करिए। यह प्रशंसा उसे झूठी नहीं लगनी चाहिए। मुक्त और सच्चे हृदय से जो कहना है, कहिए।

(15) **अनुशासन सिखाइए**–अनुशासन का बन्धन ही उसे उन्नत कर सकता है। हमने पिछले अध्याय में पतंग और डोर का उदाहरण दिया था। डोर ही वह अनुशासन का बन्धन है, जिससे पतंग आकाश में ऊपर उठती है। डोर टूटते ही वह धराशायी हो जाती है।

(16) **देश के प्रति पूज्य भाव**–देश उसके लिए क्या कर रहा है, यह सोचने की बात नहीं है, वह देश के लिए क्या करना चाहता है, यह चिन्तनीय है। देश के प्रति सम्मान की भावना, भक्तिमय आराधना, नेतृत्व तथा स्मरण शक्ति का विकास, बच्चे में पनपने दीजिए।

(17) **साहसी, सत्यभाषी और कर्मठ बनाइए**–सही अध्ययन से वह परीक्षा में ऊँचे अंक प्राप्त कर लेगा। सम्भवतः वह मेरिट लिस्ट में भी हो सकता है। मगर कभी ऐसा नहीं हुआ तो उसे निराशा से बचाइए। यदि वह साहसी और परिश्रमी है तो एक दिन असम्भव को सम्भव कर दिखाएगा। यदि आरम्भ में वह असफल हुआ है तो होने दो। हरिवंशराय बच्चन के अनुसार–

"ज़िन्दगी में यह मायने नहीं रखता कि तुम कितनी बार नाकाम हुए बल्कि यह मायने रखता है कि तुम कितनी बार उठकर खड़े हुए और अपने काम में जुट गए।"

21

समय का सदुपयोग

यह सत्य हमें विस्तृत नहीं होने देना चाहिए कि हम अपनी योग्यता और बुद्धि की कमी से किसी काम में असफल नहीं होते हैं, हम वस्तुतः दृढ़ संकल्प, कार्य शैली, समर्पण और अनुशासन की कमी के कारण असफल होते हैं। बुद्धिमान से बुद्धिमान व्यक्ति उपरोक्त गुणों के अभाव में जीवन में कुछ नहीं कर पाता। आलसी व्यक्ति समय की कद्र नहीं जानता तथा वह जीवन के अमूल्य क्षणों को गँवा देता है। जो आलसी व्यक्ति अपने जीवन की कद्र नहीं करता, दूसरों की जिम्मेदारी भला क्या उठा पाएगा?

अध्ययन के विषय में सबसे पहले अपने समय का योग्य उपयोग करना जरूरी है। अपनी बनाई समय-सारणी पर चलें।

अध्ययन प्रतिदिन 6 से 8 घंटे अवश्य करना चाहिए। हमेशा स्मरण रखो कि कक्षा में जो पाठ पढ़ाया जा रहा हो, उसे पढ़ समझकर (विद्यालय में जानेवाले छात्र हो या महाविद्यालय में जानेवाले) कक्षा में उपस्थित रहो। इस प्रकार दो पुनरावलोकन या पुनर्पठन रोज़ हो ही जाते हैं। तीसरी बार उस विषय को लिखपढ़कर आत्मसात् करना सरल होता है।

जीवन में अभ्यास से सभी कुछ सम्भव होता है। अभ्यास से हस्ताक्षर सुधरते हैं, उच्चारण दोष दूर होता है तथा अध्ययन का पिछड़ापन मिटता है। महाराष्ट्र में बाबा आमटे का बनाया महारोगियों, अन्धे, लूले, लँगड़े के लिए आश्रय स्थान हैं, इसका नाम 'आनन्दवन' है। यहाँ ये अन्धे, लूले, लँगड़े फुटबॉल और क्रिकेट खेलते है। श्री शेंडे नामक एक व्यक्ति दोनों हाथ नहीं होने पर भी पैरों की सहायता से बढ़िया हारमोनियम बजा लेते हैं, उन्हें राष्ट्रपति पदक से सम्मानित किया गया है। प्रयास, निरन्तर अभ्यास एवं दृढ़ आत्मविश्वास से कोई कुछ भी करके दिखा सकता है। 'आनन्दवन' में ऐसे कई चमत्कार दिखते हैं।

आज स्पर्धा का युग है और स्पर्धा में हम तभी पिछड़ सकते हैं यदि हम निष्क्रिय बैठे रहें। अध्ययन के प्रति हमने जो कहा है, उस पर दृढ़चित्त होकर एक सप्ताह के लिए अध्ययनरत हो जाएँ तो एक ही सप्ताह में अपनी तरक्की से आपको आश्चर्य होगा।

विद्यार्थी का व्यक्तित्व विकास हो यह अध्ययन के साथ सम्पूर्ण शिक्षा से सम्बद्ध विषय है। हमने इस पुस्तक में शिक्षकों का क्या कर्तव्य है, अध्यापन में उन्हें अपनी कुशलता कैसे वृद्धिगत करनी चाहिए जैसे विषयों पर कोई प्रकाश नहीं डाला है। उसका कारण यह है कि शिक्षकों के लिए ऐसी अनेकों पुस्तकें हैं और प्रशिक्षण में उन्हें सभी कुछ सिखा दिया जाता है। किन्तु अध्यापन के प्रति सबकुछ रहते हुए भी, वे अध्ययन के प्रति अपने विद्यार्थियों को कुछ नहीं बताते। उसी प्रकार अभिभावकों को भी कोई सुझाव नहीं दिए जाते कि उन्होंने अपने बच्चों की प्रगति के लिए क्या करना चाहिए? उनकी दृष्टि बच्चे के अध्ययन से लेकर सम्पूर्ण शिक्षा के उद्देश्य से सम्बद्ध होनी चाहिए जो उनके बच्चे को भविष्य में सफल तथा जिम्मेदार नागरिक बना सके। सम्पूर्ण पुस्तक में हमने अध्ययन के सभी अंगों उपांगों का बृहत् वर्णन किया है और इस दृष्टि से अध्ययनार्थियों के लिए यह पुस्तक सर्वागपूर्ण सिद्ध होगी, यह तय है।

अन्ततः हम यही कहना चाहेंगे कि इस प्रकार यह पुस्तक हमारे विद्यार्थी, शिक्षक और अभिभावकों को अध्ययन की दृष्टि से कुछ नई जानकारियाँ देकर, अध्ययन की कष्टसाध्यता और परिश्रमवाही अनिवार्यता को न केवल खारिज करेगी अपितु इसे एक सरल-सहज, कार्यकुशल और रुचिकारक विधा में परिवर्तित करेगी।